En kokebok med uimotståelige grønnsakskjøttboller

100 næringsrike og smakfulle plantebaserte kjøttboller for enhver smak

Aksel Kaldefoss

opphavsrett Materiale ©2023

Alle Rettigheter Forbeholdt

Vi vil del av dette bok Kan være satt ned hest overført i noen skjemaer hest ville noen midler uten de ren skrevet samtykke fra _ forlegger og opphavsrett Eieren unntatt til kort sitater satt ned i og anmeldelse. Dette bok bør notater være ansett og erstatning til medisinsk lovlig hest annen profesjonell _ _ råd.

INNHOLDSFORTEGNELSE _

INNHOLDSFORTEGNELSE _ 3
INTRODUKSJON 7
GRØNNSAKE KJØTTBALLER 9
1. Rødbete kjøttboller 10
2. Grønne linser Veggie kjøttboller 12
3. Copycat Ikea Veggie Balls 14
4. Herbed Quinoa kjøttboller 16
5. Svarte bønne kjøttboller 18
6. Havre- og grønnsakskjøttboller 20
7. Kjøttboller av hvite bønne og valnøtt 22
8. Garbanzo bønne- og gulrotkjøttboller 24
9. Grillede bulgur- og linsekjøttboller 26
10. Sjampinjong Tofu kjøttboller 28
11. Kjøttboller av linser, erter og gulrot 30
12. Sopp- og grønnsakskjøttboller 32
13. Tex-Mex Veggie Kjøttboller 34
14. Grillede bønnekjøttboller 36
15. Løk Havre Kjøttboller 38
16. Villsopp kjøttboller 40
17. Tofu Tahini Veggie kjøttboller 42
18. Svarte bønne- og peanøttkjøttboller 44
19. Veganske baconkjøttboller 46
20. Bygghavre kjøttboller 48
21. Tempeh og valnøtt kjøttboller 50
22. Blandede bønne- og havrekjøttboller 52
23. Tempeh og valnøtt kjøttboller 54
24. Macadamia-Ca rrot Kjøttboller 56
25. Karri kikert kjøttboller 58
26. Pinto bønnekjøttboller med Mayo 60
27. Kjøttboller med linser, sopp og ris 62
28. Shiitake og havre kjøttboller 64
29. Havre og veganske mozzarella kjøttboller 66

30. Valnøtt- og grønnsakskjøttboller..68
31. Marokkanske Yam Veggie- kjøttboller.................................70
32. Linser, pistasj og shiitake kjøttboller....................................73
33. kjøttboller med høyt proteininnhold....................................76
34. Tofu baller..79
35. Blomkål, bønne & spinat kjøttboller med.........................81
36. Ovnsbakte veganske kjøttboller..83
37. Sopp- og cashew-parmesan-kjøttboller..............................85
38. Cremini & Linse kjøttboller..87
39. Sitron oregano kjøttboller...89
40. Med Riracha kikerter kjøttboller..91
41. Veganske soppkjøttboller..93
42. Spaghetti med grønnsaker og kjøttboller...........................95
43. Tempeh og løk kjøttboller..97
44. Linser og soppkjøttboller..100
45. Søtpotet og svarte bønnekjøttboller.................................102
46. Blomkål og kikert kjøttboller...104
47. Zucchini og Quinoa kjøttboller.......................................106
48. Spinat og feta kjøttboller...108
49. Brokkoli og cheddar kjøttboller......................................110
50. Gulrot- og kikertkjøttboller...112
51. Kjøttboller med sopp og valnøtt......................................114
52. Rødbeter og quinoa kjøttboller.......................................116
53. Quinoa og mais kjøttboller..118
54. Aubergine og kikertkjøttboller..120
55. Potet- og ertekjøttboller..122
56. Mais og rød pepper kjøttboller.......................................124
57. Butternut Squash og salvie kjøttboller...........................126
58. Grønnkål og hvite bønnekjøttboller...............................128
59. Quinoa og spinat kjøttboller...130
60. Blomkål og Quinoa kjøttboller.......................................132
61. Kjøttboller med kikert og spinat....................................134
62. Søtpotet- og kikertkjøttboller...136
63. Kjøttboller med sopp og linser.......................................138
64. Kjøttboller av gulrot og zucchini....................................140

65. Quinoa og soppkjøttboller..................142
66. Svarte bønne- og maiskjøttboller..................144
67. Brokkoli og cheddarost kjøttboller..................146
68. Blomkål og ostekjøttboller..................148
69. Kjøttboller med sopp og valnøtt med rosmarin..........150
GRØNNSAKKSKAPER..................152
70. Rødbeteburgere med ruccola..................153
71. Pecan- linsebrød..................156
72. Black Bean burgere..................158
73. Havre- og grønnsaksbiff..................160
74. Hvite bønne- og valnøttkaker..................162
75. Garbanzo bønneburgere..................164
76. Vegetabilsk bulgur linser..................166
77. Sjampinjong tofu patty..................168
78. Linser, erter og gulrotbrød..................170
79. Raske grønnsaksboller..................172
80. Tex-Mex grønnsakspatty..................174
81. Veggiebønnekaker..................176
82. Løk Havre Patties..................178
83. Villsopppatty..................180
84. Tofu Tahini grønnsaksbiff..................182
85. Grille med sorte bønne og peanøtt..................184
86. Bygghavre- og selleribrød..................186
87. Tempeh og løkbiff..................188
88. Blandede bønne- og havrekaker..................190
89. Tempeh- og valnøttkaker..................192
90. Macadamia-Cashew-kaker..................194
91. Gylne kikertburgere _..................196
92. Karri kikertkaker..................198
93. Pinto bønnekaker med Mayo..................200
94. Linserisburger med..................202
95. Shiitake og Havre Patty..................204
96. havre , I en egg- og mozzarella -patty..................206
97. Valnøtt- og grønnsaksbiff..................208
98. Marokkanske Yam Veggie-burgere..................210

99. Burger med linser, pistasj og shiitake............................213
100. Veganske burgere med høyt proteininnhold...............216
KONKLUSJON...219

INTRODUKSJON

Velkommen til en verden av grønnsakskjøttboller! I denne kokeboken inviterer vi deg til å utforske de deilige og sunne mulighetene til plantebaserte kjøttboller. Grønnsakskjøttboller tilbyr en kreativ og tilfredsstillende måte å nyte smakene og teksturene til grønnsaker på, samtidig som de gir et næringsrikt alternativ til tradisjonelle kjøttboller. Denne kokeboken er din guide til å mestre kunsten med grønnsakskjøttboller og lage nærende og smakfulle retter som vil glede både veganere og kjøttelskere.

Grønnsakskjøttboller er et bevis på allsidigheten og overfloden av plantebaserte ingredienser. Fra linser og kikerter til sopp og quinoa, mulighetene for å lage deilige kjøttkaker er uendelige. I denne kokeboken feirer vi rikdommen og variasjonen til grønnsakskjøttboller, og presenterer deg for en samling oppskrifter som kombinerer forskjellige grønnsaker, korn og krydder for å lage appetittvekkende biter som er både mettende og næringsrike.

På disse sidene vil du oppdage en skattekiste av oppskrifter som viser kreativiteten og smakene til grønnsakskjøttboller. Fra klassiske kjøttboller i italiensk stil med en plantebasert vri til globalt inspirerte kreasjoner som inneholder en rekke urter og krydder, vi har laget en kolleksjon som tar smaksløkene dine med på en smakfull reise. Hver oppskrift er designet for å gi deg en balansert kombinasjon av smaker, teksturer og næringsstoffer, noe som sikrer en tilfredsstillende og hyggelig matopplevelse.

Men denne kokeboken er mer enn bare en samling av vegetabilske kjøttkaker. Vi veileder deg gjennom kunsten å lage kjøttbollelignende teksturer og smaker ved bruk av plantebaserte ingredienser, gir tips om bindemidler og krydder, og deler teknikker for å oppnå den perfekte teksturen og konsistensen. Enten du er en erfaren plantebasert kokk eller ny i verden av grønnsakskjøttboller, er målet vårt å gi deg mulighet til å lage deilige og sunne retter som vil glede smaksløkene dine og gi næring til kroppen din.

Så, enten du leter etter et sunnere alternativ til tradisjonelle kjøttboller, utforsker plantebasert spising, eller bare ønsker å inkludere flere grønnsaker i kostholdet ditt, la "From Garden to Plate: The Vegetable Meatballs Cookbook" være din guide. Gjør deg klar til å nyte kreativiteten og smakene til grønnsakskjøttboller og begi deg ut på en smaksrik reise som feirer overfloden og allsidigheten til plantebaserte ingredienser.

GRØNNSAKE KJØTTBALLER

1.Rødbete kjøttboller

INGREDIENSER:
- 15 gram lyserøde nyrebønner kan
- 2 ½ ss ekstra virgin olivenolje
- 2 ½ gram Cremini-sopp
- 1 rødløk
- ½ kopp kokt brun ris
- ¾ kopp rødbeter
- 1/3 kopp hampfrø
- 1 ts malt svart pepper
- ½ ts havsalt
- ½ ts malte korianderfrø
- 1 vegansk eggerstatning

BRUKSANVISNING:
- Forvarm ovnen til 375°F. Mos kidneybønnene godt i en miksebolle, og sett til side.
- Varm oljen i en non-stick panne på middels varme.
- Tilsett sopp og løk og fres til den er myk, ca 8 minutter.
- Overfør grønnsaksblandingen til miksebollen med bønnene.
- Rør inn ris, rødbeter, hampfrø, pepper, salt og koriander til det er kombinert.
- Tilsett den veganske eggerstatningen og rør til den er godt blandet.
- Form blandingen til fire kuler, og legg på en ubleket bakepapirkledd stekeplate.
- Dupp toppen av kjøttbollene lett med ½ ss olje med fingertuppene.
- Stek i 1 time. Vend forsiktig over hver kjøttbolle og stek til den er sprø, fast og brun, ca. 20 minutter til.

2.Grønne linser Veggie kjøttboller

INGREDIENSER:

- 1 gul løk finhakket
- 1 stor gulrot skrelt og i terninger
- 4 fedd hakket hvitløk
- 2 kopper kokte grønne linser
- 2 ss tomatpuré
- 1 ts oregano
- 1 ts tørket basilikum
- ¼ kopp næringsgjær
- 1 ts havsalt
- 1 kopp gresskarkjerner

BRUKSANVISNING:

- Kombiner alle ingrediensene i en foodprosessor.
- Puls for å kombinere, og etterlater litt tekstur.
- Form linsene til 4 kjøttboller.

3. Copycat Ikea Veggie Balls

INGREDIENSER:
- 1 boks kikerter, hermetisert
- 1 kopp frossen spinat
- 3 gulrøtter
- ½ paprika
- ½ kopp hermetisk søtmais
- 1 kopp grønne erter
- 1 løk
- 3 fedd hvitløk
- 1 kopp havremel
- 1 ss olivenolje
- Krydder

BRUKSANVISNING:
- Tilsett alle grønnsakene i en foodprosessor og kjør til de er finhakket.
- Tilsett nå frossen, men tint eller fersk spinat, tørket salvie og tørket persille.
- Tilsett hermetiske kikerter & Pulse til de er kombinert.
- Bland og kok i 1-2 minutter.
- Lag grønnsaksboller, øs en ball, og form den med hendene.
- Legg kulene på bakepapir eller en stekeplate.
- Stek dem i 20 minutter til de har en sprø skorpe.

4.Herbed Quinoa kjøttboller

INGREDIENSER:
- 2 kopper kokt quinoa
- ¼ kopp vegansk parmesanost, revet
- ¼ kopp vegansk asiagoost, revet
- ¼ kopp frisk basilikum, finhakket
- 2 ss frisk koriander, finhakket
- 1 ts frisk oregano, finhakket
- ½ ts fersk timian
- 3 små hvitløksfedd, finhakket
- 1 stort egg
- 2 store klyper kosher salt
- ½ ts sort pepper
- ¼ kopp italiensk krydret brødsmuler
- 1 klype til ¼ ts knuste røde pepperflak

BRUKSANVISNING:
- Bland alle ingrediensene i en stor bolle.
- Hell litt olivenolje i den forvarmede pannen.
- Form en kjøttbolle litt mindre enn en golfball og legg kjøttbollen i langpannen.
- Stek i en stekepanne eller et bakepapir med rander og stek i en forvarmet ovn i 25 minutter.

5.Svarte bønne kjøttboller

INGREDIENSER:

- 3 ss olivenolje
- ½ kopp finhakket løk
- 1 fedd hvitløk, finhakket
- 1½ kopper svarte bønner
- 1 ss finhakket fersk persille
- ½ kopp tørr ukrydret panko
- ¼ kopp hveteglutenmel
- 1 ts røkt paprika
- ½ ts tørket timian
- Salt og nykvernet sort pepper

BRUKSANVISNING:

- Varm opp 1 ss olje i en panne og varm opp i noen minutter.
- Tilsett løk og hvitløk og stek til det er mykt, ca 5 minutter.
- Overfør løkblandingen til en foodprosessor.
- Tilsett bønner, persille, panko , mel, paprika, timian og salt og pepper etter smak.
- Bearbeid til det er godt kombinert, og etterlater litt tekstur.
- Form blandingen til 4 like kjøttboller og avkjøl i 20 minutter.
- Varm opp de resterende 2 ss olje i en panne over moderat varme.
- Tilsett kjøttbollene og stek til de er brune på begge sider, snu en gang, ca 5 minutter per side.

6.Havre- og grønnsakskjøttboller

INGREDIENSER:
- 2 ss pluss 1 ts olivenolje
- 1 løk, hakket
- 1 gulrot, revet
- 1 kopp usaltede blandede nøtter
- ¼ kopp hveteglutenmel
- ½ kopp gammeldags havre, pluss mer om nødvendig
- 2 ss kremet peanøttsmør
- 2 ss finhakket fersk persille
- ½ ts salt
- ¼ ts nykvernet sort pepper

BRUKSANVISNING:
- Varm 1 ts av oljen over moderat varme i en panne.
- Tilsett løken og stek til den er myk, ca 5 minutter. Rør inn gulroten og sett til side.
- Puls nøttene i en foodprosessor til de er hakket.
- Tilsett løk-gulrotblandingen sammen med mel, havre, peanøttsmør, persille, salt og pepper. Bearbeid til det er godt blandet.
- Form blandingen til 4 like kjøttboller.
- Varm de resterende 2 ss olje over varme i en panne, tilsett kjøttbollene og stek til de er brune på begge sider, ca. 5 minutter per side.

7.Kjøttboller av hvite bønne og valnøtt

INGREDIENSER:
- ¼ kopp hakket løk
- 1 hvitløksfedd, knust
- 1 kopp valnøttbiter
- 1 kopp hermetiske eller kokte hvite bønner
- 1 kopp hveteglutenmel
- 2 ss finhakket fersk persille
- 1 ss soyasaus
- 1 ts dijonsennep, pluss mer til servering
- ½ ts salt
- ½ ts malt salvie
- ½ ts søt paprika
- ¼ teskje gurkemeie
- ¼ ts nykvernet sort pepper
- 2 ss olivenolje

BRUKSANVISNING:
- Kombiner løk, hvitløk og valnøtter i en foodprosessor og bearbeid til det er finmalt.
- Kok bønnene i en panne over varme under omrøring i 1 til 2 minutter for å fordampe eventuell fuktighet.
- Tilsett bønnene i foodprosessoren sammen med mel, persille, soyasaus, sennep, salt, salvie, paprika, gurkemeie og pepper.
- Bearbeid til det er godt blandet. Form blandingen til 4 like kjøttboller.
- Varm oljen over moderat varme i en stekepanne.
- Tilsett kjøttbollene og stek til de er brune på begge sider, ca 5 minutter på hver side.

8.Garbanzo bønne- og gulrotkjøttboller

INGREDIENSER:

- 2 kopper mosede garbanzobønner
- 1 hver Stilk selleri, finhakket
- 1 hver gulrot, finhakket
- ¼ løk, finhakket
- ¼ kopp fullkornshvetemel
- Salt og pepper etter smak
- 2 ts Olje

BRUKSANVISNING:

- Bland ingrediensene, unntatt olje, i en bolle.
- Form til 6 kjøttboller.
- Stek i en oljet panne på middels høy varme til kjøttbollene er gyldenbrune på hver side.

9.Grillede bulgur- og linsekjøttboller

INGREDIENSER:
- 2 kopper kokte linser
- 1 kopp røkt Portobello-sopp,
- 1 kopp bulgurhvete
- 2 fedd stekt hvitløk,
- 2 ss valnøttolje
- $\frac{1}{4}$ ts estragon, finhakket
- Salt og pepper etter smak

BRUKSANVISNING:
- Gjør klar en ved- eller kullgrill og la den brenne ned til glør.
- Mos linsene i en miksebolle til de er jevne.
- Tilsett alle ingrediensene og bland til det er godt blandet.
- Avkjøl i minst 2 timer. Form til kjøttboller.
- Pensle kjøttbollene med olivenolje og grill i 6 minutter på hver side eller til de er ferdige.

10. Sjampinjong Tofu kjøttboller

INGREDIENSER:
- ½ kopp havregryn
- 1¼ kopper grovhakkede mandler
- 1 ss olivenolje eller rapsolje
- ½ kopp hakket grønn løk
- 2 ts finhakket hvitløk
- 1½ kopper hakket Cremini
- ½ kopp kokt brun basmati
- ⅓ kopp vegansk cheddarost
- ⅔ kopp moset fast tofu
- 1 vegansk eggerstatning
- 3 ss hakket persille
- ½ kopp tørr panko

BRUKSANVISNING:
- Varm olje i en stekepanne og fres løk, hvitløk og sopp til de er myke.
- Tilsett havre og fortsett å koke i ytterligere 2 minutter, mens du rører konstant.
- Kombiner løkblandingen med ris, vegansk ost, tofu og vegansk eggerstatning.
- Persille, panko og mandler og rør for å kombinere. Smak til med salt og pepper.
- Form til 6 kjøttboller og stek eller stek til de er gylne og sprø på utsiden.

11. Kjøttboller av linser, erter og gulrot

INGREDIENSER:
- ½ hakket løk
- ½ kopp kokte grønne linser
- ⅓ kopp Kokte erter
- 1 revet gulrot
- 1 ss hakket fersk persille
- 1 ts Tamari
- 2 kopper panko
- ¼ kopp mel
- 1 vegansk eggerstatning

BRUKSANVISNING:
- Surr løken til den er myk. Bland alle ingrediensene unntatt melet og la den avkjøles.
- Form blandingen til kjøttboller og brun i en panne.

12.Sopp- og grønnsakskjøttboller

INGREDIENSER:
- 10 gram Grønnsaker, blandet, frosset
- 1 vegansk eggerstatning
- klype Salt og pepper
- ½ kopp sopp, fersk, hakket
- ½ kopp panko
- 1 løk, i skiver

BRUKSANVISNING:
- Forvarm ovnen til 350 grader.
- Damp grønnsakene til de er akkurat møre
- Sett til side det er kult.
- Finhakk dampede grønnsaker og bland med vegansk egg, salt, pepper, sopp og panko .
- Form blandingen til kjøttboller.
- Legg kjøttboller, toppet med løkskiver, på en lett oljet bakeplate.
- Stek, snu en gang, til de er brune og sprø på begge sider, ca 45 minutter.

13. Tex-Mex Veggie Kjøttboller

INGREDIENSER:
- 15¼ unser Hermetisert hele kjernemais
- ½ kopp væske reservert
- ½ kopp maismel
- ½ kopp løk, finhakket
- ⅓ kopp rød paprika, finhakket
- ½ ts limeskall, revet
- ¼ kopp kokt hvit ris
- 3 ss fersk koriander, hakket
- 4 ts Jalapeno chilipepper
- ½ ts malt spisskummen
- 4 mel tortillas, 9- til 10-tommers

BRUKSANVISNING:
- Bland ½ kopp maiskjerner og 1 ss maismel i en prosessor til det dannes fuktige klumper.
- Tilsett ¾ kopp maiskjerner, og bearbeid i 10 sekunder
- Overfør maisblandingen til en tung nonstick-kasserolle.
- Tilsett ½ kopp maisvæske, løk, paprika og limeskall.
- Dekk til og kok over svært lav varme til den er tykk og fast, rør ofte, 12 minutter.
- Bland inn ris, koriander, jalapeño, salt og spisskummen.
- Slipp ¼ av blandingen på hver av de 4 foliestykkene, og press stykkene til ¾-tommers tykke kjøttboller.
- Forbered grillen.
- Spray begge sider av kjøttbollene med nonstick-spray, og grill til de er sprø, ca 5 minutter per side.
- Grill tortillas til de er smidige, ca 30 sekunder per side

14.Grillede bønnekjøttboller

INGREDIENSER:
- 2 gram Kokte blandede bønner
- 1 løk, finhakket
- 1 gulrot, finrevet
- 1 ts vegetabilsk ekstrakt
- 1 ts Tørkede blandede urter
- 1 unse hele måltid panko

BRUKSANVISNING:
- Bland alle ingrediensene i en kjøkkenmaskin eller blender til nesten jevn.
- Form til 4 tykke kjøttboller og avkjøl godt.
- Pensle med olje og grill eller grill i ca 15 minutter, snu en eller to ganger.
- Server i sesamdipper med velsmak, salat og pommes frites.

15. Løk Havre Kjøttboller

INGREDIENSER:
- 4 kopper vann
- ½ kopp Saltredusert soyasaus
- ½ kopp næringsgjær
- 1 løk i terninger
- 1 ss oregano
- ½ ss hvitløkspulver
- 1 ss tørket basilikum
- 4½ kopper Gammeldags havregryn

BRUKSANVISNING:
- Kok opp alle ingrediensene unntatt havren.
- Skru ned varmen og rør inn 4½ kopper havregryn.
- Kok i ca 5 minutter til vannet er absorbert.
- Fyll en rektangulær non-stick stekepanne med blandingen
- Stek ved 350 F. i 25 minutter.
- Kutt dem deretter i 4" firkantede kjøttboller og snu dem.
- Kok i ytterligere 20 minutter.
- Server som hovedrett, varm eller kald.

16. Villsopp kjøttboller

INGREDIENSER:
- 2 ts olivenolje
- 1 gul løk, finhakket
- 2 sjalottløk, skrelt og finhakket
- ⅛ teskje salt
- 1 kopp tørr shiitake-sopp
- 2 kopper Portobello sopp
- 1 pakke tofu
- ⅓ kopp ristet hvetekim
- ⅓ kopp panko
- 2 ss Lite soyasaus
- 1 ts Flytende røyksmak
- ½ ts granulert hvitløk
- ¾ kopp hurtigkokende havre

BRUKSANVISNING:
- Fres løk, sjalottløk og salt i olivenolje i ca 5 minutter.
- Stilk myknet shiitake-sopp, og finhakk dem med fersk sopp i en foodprosessor. Legg til løk.
- Kok i 10 minutter, rør av og til for å unngå å sette seg fast.
- Bland sopp med most tofu, tilsett de resterende ingrediensene og bland godt.
- Våt hendene for å unngå å sette seg fast og form til kjøttboller.
- Stek i 25 minutter, snu en gang etter 15 minutter.

17.Tofu Tahini Veggie kjøttboller

INGREDIENSER:
- 1 pund fast tofu, drenert
- 1½ kopper rå havregryn
- ½ kopp revne gulrøtter
- 1 Hakket sautert løk
- 1 ss Tahini, mer eller mindre
- 1 ss soyasaus

BRUKSANVISNING:
- Tilsett en blanding av utvalgte krydder og urter.
- Form kjøttboller på bakepapir.
- Stek ved 350 grader i 20 minutter, snu dem og stek i 10 minutter til.

18. Svarte bønne- og peanøttkjøttboller

INGREDIENSER:
- 1 kopp TVP granulat
- 1 kopp vann
- 1 ss soyasaus
- 15-unse boks med svarte bønner
- ½ kopp vitalt hveteglutenmel
- ¼ kopp grillsaus
- 1 ss flytende røyk
- ½ ts sort pepper
- 2 ss peanøttsmør

BRUKSANVISNING:
- Rekonstituer TVP ved å blande den med vannet og soyasausen i en mikrobølgeovnsikker bolle, dekk tett med plastfolie og stek den i mikrobølgeovn i 5 minutter.
- Tilsett bønnene, hvetegluten, grillsaus, flytende røyk, pepper og peanøttsmør til den rekonstituerte TVP når den er kjølig nok til å håndtere.
- Mos det sammen med hendene til det er jevnt og det meste av bønnene er moset opp.
- Form til 6 kjøttboller.
- Grill på grillen, pensle med ekstra barbecuesaus etter hvert, ca 5 minutter per side.

19.Veganske baconkjøttboller

INGREDIENSER:
- 1 kopp TVP granulat
- 2 ss biffsaus
- 1 ss flytende røyk
- ¼ kopp rapsolje
- 1/3 kopp peanøttsmør
- ½ kopp vitalt hveteglutenmel
- ½ kopp veganske baconbiter
- ¼ kopp næringsgjær
- 1 ss paprika
- 1 ss hvitløkspulver
- 1 ts malt svart pepper

BRUKSANVISNING:
- Rekonstituer TVP ved å blande TVP, vann, biffsaus og flytende røyk i en mikrobølgeovnsikker bolle, dekk godt til med plastfolie og stek den i mikrobølgeovn i 5 minutter.
- Tilsett olje og peanøttsmør til TVP-blandingen.
- I en miksebolle blander du hvetegluten, veganske baconbiter, gjær, paprika, hvitløkspulver og sort pepper.
- Tilsett TVP-blandingen i melblandingen og elt til den er godt innlemmet.
- Dekk til og la stå i 20 minutter.
- Form til 4 til 6 kjøttboller og tilbered etter ønske.

20. Bygghavre kjøttboller

INGREDIENSER:
- 1 kopp hermetiske smørbønner
- ¾ kopp bulgur, kokt
- ¾ kopp bygg, kokt
- ½ kopp Rask havregryn, ukokt
- 1½ ss soyasaus
- 2 ss grillsaus
- 1 ts tørket basilikum
- ½ kopp løk, finhakket
- 1 fedd hvitløk, finhakket
- 1 stilk selleri, hakket
- 1 ts salt
- Pepper etter smak

BRUKSANVISNING:
- Mos bønner litt med en gaffel eller potetstapper.
- Tilsett resten av ingrediensene og form 6 kjøttboller.
- Spray pannen med olje og brune kjøttboller på begge sider.

21. Tempeh og valnøtt kjøttboller

INGREDIENSER:
- 8 gram tempeh, kuttet i ½-tommers terninger
- ¾ kopp hakket løk
- 2 fedd hvitløk, hakket
- ¾ kopp hakkede valnøtter
- ½ kopp gammeldags eller hurtigkokt havre
- 1 ss finhakket fersk persille
- ½ ts tørket oregano
- ½ ts tørket timian
- ½ ts salt
- ¼ ts nykvernet sort pepper
- 3 ss olivenolje

BRUKSANVISNING:
- I en kjele med kokende vann, kok tempeen i 30 minutter.
- Hell av og sett til avkjøling.
- Kombiner løk og hvitløk i en foodprosessor og kjør til den er finhakket.
- Tilsett avkjølt tempeh, valnøtter, havre, persille, oregano, timian, salt og pepper.
- Bearbeid til det er godt blandet. Form blandingen til 4 like kjøttboller.
- Varm oljen over moderat varme i en stekepanne.
- Tilsett kjøttbollene og stek grundig til de er brune på begge sider, 7 minutter per side.

22. Blandede bønne- og havrekjøttboller

INGREDIENSER:
- 1 ss olivenolje
- 1 løk, hakket
- 4 fedd hvitløk, finhakket
- 1 gulrot, strimlet
- 1 ts malt spisskummen
- 1 ts chilipulver
- Pepper etter smak
- 15 *gram* pinto bønner, skyllet, drenert og moset
- 15 *gram* svarte bønner, skyllet, drenert og moset
- 1 ss ketchup
- 2 ss dijonsennep
- 2 ss soyasaus
- 1½ kopp havre
- ½ kopp salsa

BRUKSANVISNING:
- Tilsett olivenolje i en panne over varme.
- Stek løken i 2 minutter, rør ofte.
- Rør inn hvitløken. Kok deretter i 1 minutt.
- Tilsett gulrot, malt spisskummen og chilipulver.
- Kok under omrøring i 2 minutter.
- Ha gulrotblandingen over i en bolle.
- Rør inn moste bønner, ketchup, sennep, soyasaus og havre.
- Form til kjøttboller.
- Grill kjøttbollene i 4 til 5 minutter på hver side.

23. Tempeh og valnøtt kjøttboller

INGREDIENSER:

- 8 gram tempeh, kuttet i ½-tommers terninger
- ¾ kopp hakket løk
- 2 fedd hvitløk, hakket
- ¾ kopp hakkede valnøtter
- ½ kopp gammeldags eller hurtigkokt havre
- 1 ss finhakket fersk persille
- ½ ts tørket oregano
- ½ ts tørket timian
- ½ ts salt
- ¼ ts nykvernet sort pepper
- 3 ss olivenolje

BRUKSANVISNING:

- I en kjele med kokende vann, kok tempeen i 30 minutter.
- Hell av og sett til avkjøling.
- Kombiner løk og hvitløk i en foodprosessor og kjør til den er finhakket.
- Tilsett avkjølt tempeh, valnøtter, havre, persille, oregano, timian, salt og pepper.
- Bearbeid til det er godt blandet. Form blandingen til 4 like kjøttboller.
- Varm oljen over moderat varme i en stekepanne.
- Tilsett kjøttbollene og stek til de er gjennomstekte og brune på begge sider, ca. 7 minutter per side.

24. Macadamia-Carrot Kjøttboller

INGREDIENSER:
- 1 kopp hakkede macadamianøtter
- 1 kopp hakkede cashewnøtter
- 1 gulrot, revet
- 1 løk, hakket
- 1 fedd hvitløk, finhakket
- 1 jalapeño eller annen grønn chili, frøet og hakket
- 1 kopp gammeldags havre
- 1 kopp tørt ukrydret mandelmel
- 2 ss hakket fersk koriander
- ½ ts malt koriander
- Salt og nykvernet sort pepper
- 2 ts fersk limejuice
- Canola eller druekjerneolje, til steking

BRUKSANVISNING:
- I en foodprosessor kombinerer du macadamianøtter, cashewnøtter, gulrot, løk, hvitløk, chili, havre, mandelmel, koriander, koriander og salt og pepper etter smak.
- Bearbeid til det er godt blandet. Tilsett limesaften og bearbeid til den er godt blandet.
- Smak til, juster krydder om nødvendig.
- Form blandingen til 4 like kjøttboller.
- Varm opp et tynt lag olje i en stekepanne på moderat varme.
- Tilsett kjøttbollene og stek til de er gyldenbrune på begge sider, snu en gang i ca. 10 minutter totalt.

25. Karri kikert kjøttboller

INGREDIENSER:
- 3 ss olivenolje
- 1 løk, hakket
- 1½ ts varmt eller mildt karripulver
- ½ ts salt
- 1/8 ts malt kajennepeper
- 1 kopp kokte kikerter
- 1 ss hakket fersk persille
- ½ kopp hveteglutenmel
- 1/3 kopp tørt ukrydret mandelmel

BRUKSANVISNING:
- Varm opp 1 ss olje over moderat varme i en panne.
- Tilsett løken, dekk til og stek til den er myk, 5 minutter. Rør inn 1 ts karripulver, salt og cayenne og ta av varmen. Sette til side.
- I en foodprosessor kombinerer du kikerter, persille, hveteglutenmel, mandelmel og kokt løk.
- Form kikertblandingen til 4 like kjøttboller og sett til side.
- Varm opp de resterende 2 ss olje i en panne over moderat varme.
- Tilsett kjøttbollene, dekk til og stek til de er gyldenbrune på begge sider, snu en gang, ca 5 minutter per side.
- I en bolle kombinerer du den resterende ½ ts karripulver med majonesen, mens du rører det blander seg.

26.Pinto bønnekjøttboller med Mayo

INGREDIENSER:
- 1½ kopper kokte pinto bønner
- 1 sjalottløk, hakket
- 1 fedd hvitløk, finhakket
- 2 ss hakket fersk koriander
- 1 ts kreolsk krydder
- ¼ kopp hveteglutenmel
- Salt og nykvernet sort pepper
- ½ kopp tørt ukrydret mandelmel
- 2 ts fersk limejuice
- 1 serrano chili, frøsådd og hakket
- 2 ss olivenolje

BRUKSANVISNING:
- Tørk bønnene med tørkepapir for å absorbere overflødig fuktighet.
- I en foodprosessor kombinerer du bønner, sjalottløk, hvitløk, koriander, kreolkrydder, mel og salt og pepper etter smak. Bearbeid til det er godt blandet.
- Form blandingen til 4 like kjøttboller, tilsett mer mel om nødvendig.
- Vred kjøttbollene i mandelmelet. Avkjøl i 20 minutter.
- Kombiner majones, limejuice og serrano-chile i en bolle.
- Smak til med salt og pepper etter smak, bland godt og avkjøl til servering.
- Varm oljen over moderat varme i en stekepanne.
- Tilsett kjøttbollene og stek til de er brune og sprø på begge sider, ca 5 minutter på hver side.

27. Kjøttboller med linser, sopp og ris

INGREDIENSER:

- ¾ kopp Linser
- 1 Søtpoteter
- 10 Friske spinatblader
- 1 kopp Fersk sopp, hakket
- ¾ kopp mandelmel
- 1 ts Estragon
- 1 ts Hvitløkspulver
- 1 ts Persilleflak
- ¾ kopp Langkornet ris

BRUKSANVISNING:

- Kok ris til kokt og litt klissete og linser til de er myke. Avkjøl litt.
- Finhakk en søtpotet som er skrellet og kok til den er myk. Avkjøl litt.
- Spinatblader skal skylles og finstrimles.
- Bland alle ingrediensene og krydder, tilsett salt og pepper etter smak.
- Avkjøl i kjøleskapet i 15-30 min.
- Form til kjøttboller og fres i panne eller på grønnsaksgrill.
- Sørg for å smøre eller spray en panne med Pam, da disse kjøttbollene har en tendens til å feste seg.

28.Shiitake og havre kjøttboller

INGREDIENSER:
- 8 gram havregryn
- 4 gram vegansk mozzarellaost
- 3 gram Shiitake-sopp i terninger
- 3 gram hvitløk i terninger
- 2 hvitløksfedd finhakket
- 2 gram rød pepper i terninger
- 2 unser Zucchini terninger

BRUKSANVISNING:
- Bland alle ingrediensene i en foodprosessor.
- Trykk på av/på-bryteren for å blande ingrediensene grovt.
- Ikke overmiks. Endelig blanding kan gjøres for hånd.
- Form til fire-unse kjøttboller.
- Tilsett en mengde olivenolje i en panne.
- Når pannen er varm, tilsett kjøttboller.
- Stek ett minutt på hver side.

29. Havre og veganske mozzarella kjøttboller

INGREDIENSER:
- ½ kopp grønn løk, hakket
- ¼ kopp grønn pepper, hakket
- ¼ kopp persille, hakket
- ¼ ts hvit pepper
- 2 fedd hvitløk, i terninger
- ½ kopp vegansk mozzarellaost, revet
- ¾ kopp brun ris
- ⅓ kopp vann eller hvitvin
- ½ kopp gulrot, strimlet
- ⅔ kopp løk, hakket
- 3 stangselleri, hakket
- 1¼ ts kryddersalt
- ¾ teskje timian
- ½ kopp vegansk cheddarost, revet
- 2 kopper rask havre
- ¾ kopp bulgurhvete

BRUKSANVISNING:
- Kok ris og bulgurhvete.
- Stek grønnsaker i 3 minutter i en dekket panne, rør en eller to ganger.
- Hell godt av, og bland med ris og vegansk ost til osten smelter litt.
- Bland inn de resterende ingrediensene.
- Form til 4-unse kjøttboller.
- Stek i ca 10 minutter hver på en grill, med kokespray.
- Server som hovedrett.

30. Valnøtt- og grønnsakskjøttboller

INGREDIENSER:

- ½ rødløk
- 1 ribbe selleri
- 1 gulrot
- ½ rød paprika
- 1 kopp valnøtter, ristet, malt
- ½ kopp panko
- ½ kopp orzo pasta
- 2 veganske eggerstatninger
- Salt og pepper
- Avokadoskiver
- Rødløkskiver
- Catsup
- Sennep

BRUKSANVISNING:

- Fres løkselleri, gulrøtter og rød paprika i olje til den er myk
- Tilsett hvitløk, nøtter, smuler og ris. Form til kjøttboller.
- Stek i olje til den er gylden.
- Sett sammen på en bolle.

31.Marokkanske Yam Veggie- kjøttboller

INGREDIENSER:
- 1½ kopper skrelt og revet yam
- 2 hvitløksfedd, skrelt
- ¾ kopp friske korianderblader
- 1 stykke fersk ingefær, skrelt
- 15-unse boks med kikerter, drenert og skylt
- 2 ss malt lin blandet med 3 ss vann
- ¾ kopp havregryn, malt til mel
- ½ ss sesamolje
- 1 ss kokosnøttaminosyrer eller lavnatriumtamari
- ½ ts finkornet havsalt eller rosa himalayasalt, etter smak
- Nykvernet sort pepper, etter smak
- 1½ ts chilipulver
- 1 ts spisskummen
- ½ ts koriander
- ¼ teskje kanel
- ¼ teskje gurkemeie
- ½ kopp koriander-lime tahinisaus

BRUKSANVISNING:
- Forvarm ovnen til 350F.
- Kle en stekeplate med et stykke bakepapir.
- Finhakk hvitløk, koriander og ingefær til det er finhakket.
- Tilsett avrente kikerter og bearbeid igjen til de er finhakket, men la det være litt tekstur. Hell denne blandingen i en bolle.
- I en bolle, rør sammen lin- og vannblandingen.
- Mal havren til mel med en blender eller kjøkkenmaskin.
- Rør dette inn i blandingen sammen med linblandingen.

- Rør nå inn olje, aminos/tamari, salt/pepper og krydder til de er godt blandet. Juster etter smak om ønskelig.
- Form 6-8 kjøttboller, pakk blandingen godt sammen. Legg på en bakeplate.
- Stek i 15 minutter, vend deretter forsiktig og stek i ytterligere 18-23 minutter til den er gylden og fast. Kult på Mr.

2. Linser, pistasj og shiitake kjøttboller

INGREDIENSER:
- 3 sjalottløk, i terninger
- 2 ts olivenolje
- $\frac{1}{2}$ kopp svarte linser, skyllet
- 6 tørkede shiitake-sopphatter
- $\frac{1}{2}$ kopp pistasjnøtter
- $\frac{1}{4}$ kopp frisk persille, hakket
- $\frac{1}{4}$ kopp viktig hvetegluten
- 1 ss Ener-G, pisket med $\frac{1}{8}$ kopp vann
- 2 ts tørket gnidd salvie
- $\frac{1}{2}$ ts salt
- $\frac{1}{4}$ ts knust pepper

BRUKSANVISNING:
- Surr sjalottløken i terninger med olje på lav varme. Sette til side.
- Kok opp tre kopper vann.
- Tilsett linsene og tørkede shiitake-hetter og legg lokket over kjelen slik at det kan slippe ut litt damp under tilberedningen.
- Kok i 18-20 minutter, og hell dem deretter i en finmasket sil for å renne av og avkjøle.
- Fjern shiitaken fra linsene og skjær dem opp, og kast de seige stilkene.
- Ha pistasjenøtter i en foodprosessor og grovkvern dem.
- Tilsett sjalottløk, linser, shiitake-hetter i terninger, pistasjnøtter og persille i en bolle og bland til det er godt blandet.
- Tilsett det livsviktige hvetegluten og rør.
- Tilsett vann/Energ-G-blandingen og rør i ca. to minutter med en sterk gaffel for å la glutenet utvikle seg.

- Tilsett salvie og salt og pepper og rør til det er godt blandet.
- For å steke kjøttbollene, form dem til kjøttboller, klem blandingen litt sammen mens du former den.
- Stek i en sautépanne med litt olivenolje i 2-3 minutter på hver side, eller til den er litt brun.

33. kjøttboller med høyt proteininnhold

INGREDIENSER:
- 1 kopp strukturert vegetabilsk protein
- ½ kopp kokte røde kidneybønner
- 3 ss olje
- 1 ss lønnesirup
- 2 ss tomatpuré
- 1 ss soyasaus
- 1 ss næringsgjær
- ½ ts malt spisskummen
- ¼ ts hver: paprikamalt chilipulver, hvitløkspulver, løkpulver, oregano
- ⅛ teskje flytende røyk
- ¼ kopp vann eller rødbetejuice
- ½ kopp viktig hvetegluten

BRUKSANVISNING:
- Kok opp en kjele med vann.
- Tilsett det strukturerte vegetabilske proteinet og la det småkoke i 10-12 minutter.
- Tøm TVP-en og skyll den et par ganger.
- Klem TVP med hendene for å fjerne overflødig fuktighet.
- Tilsett de kokte bønnene, olje, lønnesirup, tomatpuré, soyasaus, næringsgjær, krydder, flytende røyk og vann i bollen til en foodprosessor.
- Bearbeid i 20 sekunder, skrap ned sidene, og bearbeid igjen til det danner en puré.
- Tilsett den rehydrerte TVP og bearbeid i 7-10 sekunder, eller til TVP er godt hakket.
- Ha blandingen over i en miksebolle og tilsett det livsviktige hvetegluten.

- Bland, og elt deretter med hendene i 2-3 minutter for å utvikle gluten.
- Del blandingen i 3 og form kjøttboller.
- Pakk hver kjøttbolle forsiktig inn i bakepapir og deretter i aluminiumsfolie.
- Legg de innpakkede kjøttbollene i en trykkoker og trykkkok i $1\frac{1}{2}$ time.
- Når de er tilberedt, pakk ut kjøttbollene og la dem avkjøles i 10 minutter.
- Stek kjøttbollene i litt olje til de er gyldenbrune på hver side.
- Kjøttboller holder seg i opptil 4 dager i kjøleskapet.

7. Tofu baller

INGREDIENSER:

- 6 kopper vann; kokende
- 5 kopper tofu; smuldret opp
- 1 kopp fullkornsbrødsmuler
- ¼ kopp Tamari
- ¼ kopp næringsgjær
- ¼ kopp peanøttsmør
- Eggerstatning for 1 egg
- ½ kopp løk; finhakket
- 4 Hvitløksfedd; trykket
- 1 ts timian
- 1 ts basilikum
- ¼ ts selleri frø
- ¼ teskje nellik; bakke

BRUKSANVISNING:

- Slipp alt unntatt 1 kopp av den smuldrede tofuen i det kokende vannet. Trykk på tofuen.
- Tilsett de resterende ingrediensene til den pressede tofuen og bland godt.
- Forme blandingen til kuler på størrelse med valnøtt og legg dem på et godt oljet kakepapir.
- Stek på 350 grader i 20-25 minutter eller til kulene er faste og brune.
- Snu dem en gang under stekingen om nødvendig.

5.Blomkål, bønne & spinat kjøttboller med

INGREDIENSER:
- 9 oz blomkålbuketter, kokte
- 7 oz frossen hakket spinat, tint
- 400 g boks svarte bønner, avrent
- 2 fedd hvitløk, knust eller revet
- 2 ts soyasaus
- 1 ts blandede tørkede urter

BRUKSANVISNING:
- Kok blomkålbukettene i en panne med kokende vann .
- Riv blomkålen i en bolle, og tilsett deretter spinat, bønner, hvitløk, soyasaus og blandede urter.
- Arbeid blandingen sammen med en potetstapper for å danne en grov pasta.
- Bland havre til et fint pulver , tilsett deretter i bollen og bland for å kombinere.
- Rull blandingen til kuler .
- Stek grønnsaksbollene i omganger til de er gyldenbrune .

6. Ovnsbakte veganske kjøttboller

INGREDIENSER:

- 1 ss malte linfrø
- ¼ kopp + 3 ss grønnsaksbuljong
- 1 stor løk, skrelt og delt i kvarte
- 2 hvitløksfedd, skrelt
- 1½ plante kjøttboller
- 1 kopp brødsmuler
- ½ kopp vegansk parmesanost
- 2 ss fersk persille, finhakket
- Salt og pepper, etter smak
- Matoljespray

BRUKSANVISNING:

- Tilsett løk og hvitløk i en foodprosessor og kjør til puré.
- Tilsett linegg, ¼ kopp grønnsaksbuljong, purert løk og hvitløk, Imposible kjøttboller plantekjøtt, brødsmuler, vegansk parmesanost, persille og en klype salt og pepper i en stor miksebolle. Bland godt for å kombinere.
- Fra den veganske kjøttbolleblandingen til 32 kuler .
- Legg veganske kjøttboller på det kledde stekebrettet og stek i ovnen i ca 10 minutter, eller til de er gyldenbrune.

7. Sopp- og cashew-parmesan-kjøttboller

INGREDIENSER:
- 1 ss olivenolje
- 1 pund fersk hvit sopp
- 1 klype salt
- 1 ss smør
- ½ kopp finhakket løk
- 4 fedd hvitløk, finhakket
- ½ kopp hurtigkokende havre
- 1 unse cashew parmesan
- ½ kopp brødsmuler
- ¼ kopp hakket flatbladpersille
- 2 egg, delt
- 1 teskje salt
- nykvernet sort pepper etter smak
- 1 klype kajennepepper, eller etter smak
- 1 klype tørket oregano
- 3 kopper pastasaus
- 1 ss cashew parmesan
- 1 ss hakket flatbladpersille

BRUKSANVISNING:
- Varm olivenolje i en panne på middels høy varme.
- Tilsett sopp i den varme oljen, dryss over salt og kok og rør til væsken fra soppen har fordampet.
- Rør smør inn i sopp, reduser varmen til middels og kok og rør sopp til den er gyldenbrun, ca. 5 minutter

8.Cremini & Linse kjøttboller

INGREDIENSER:
- 1 kopp tørkede linser
- ¼ kopp olivenolje
- 1 løk, ca 1 kopp hakket
- 8 oz Cremini-sopp
- 3 fedd hvitløk, finhakket
- 1½ kopper Panko-brødsmuler
- Klyp italiensk krydder og cayenne
- 2½ ts salt, delt
- 2 egg
- 1 kopp vegansk parmesanost

BRUKSANVISNING:
- I en stor bolle blander du tomathalvdelene sammen med 1 ts italiensk krydder, 1 ts salt og ¼ kopp olivenolje.
- Puls soppen i en foodprosessor til den er omtrent på størrelse med erter.
- Når oljen er varm, tilsett løken og fres i ca 3 minutter til den er gjennomsiktig. Tilsett hvitløk og pulserende sopp og sautér.
- Kombiner sopplinseblandingen i en stor bolle sammen med panko-brødsmuler og krydder.
- Form baller og stek.

9.Sitron oregano kjøttboller

INGREDIENSER:
- 1 ss malte linfrø
- 1 ss olivenolje, pluss ekstra
- 1 liten gul løk og 3 fedd hvitløk
- Klyp oregano, løkpulver, tamari
- ½ ts malt chili
- havsalt og malt svart pepper, etter smak
- 1½ ss sitronsaft og -skall
- 1 kopp valnøtthalvdeler
- ¾ kopp havregryn
- 1½ kopper kokte hvite bønner
- ¼ kopp fersk persille & ¼ kopp fersk dill

BRUKSANVISNING:
- Kombiner bakken lin og vann i en liten bolle.
- Fres løken og tilsett hvitløk og oregano.
- Tilsett næringsgjær, chili, løkpulver, salt og pepper i pannen og rør i ca. 30 sekunder.
- Hell i sitronsaften deres.
- Puls valnøtter, bønner og havre til du har et grovt måltid.
- Tilsett lingelblandingen, sautert løk- og hvitløksblanding, tamari, sitronskall, persille, dill og store klyper salt og pepper.
- Rull den til en ball & Stek kjøttbollene i 25 minutter.

.Med Riracha kikerter kjøttboller

INGREDIENSER:

- 1 ss linfrømel
- 14-unse boks med kikerter, drenert og skylt
- 1 ½ kopper kokt farro
- ¼ kopp gammeldags havre
- 2 fedd hvitløk, presset
- 1 ts finrevet ingefærrot
- ½ ts salt
- 1 ss varm chile sesamolje
- 1 ss sriracha

BRUKSANVISNING:

- Forvarm ovnen til 400 grader Fahrenheit. Kle en plate med folie og sett til side.
- Kombiner linfrømåltidet med 3 ss vann; Skorpionen.
- Sett til side for å hvile i 5 minutter.
- Legg kikerter, farro, havre, hvitløk, ingefær, salt, sesamolje og sriracha i bollen til en stor kjøkkenmaskin eller blender.
- Hell i det resterende lin egget og puls til ingrediensene akkurat har blandet seg.
- Rull blandingen til en-ss baller og stek.

1.Veganske soppkjøttboller

INGREDIENSER:

- 1 ss malt linfrø
- 3 ss vann
- 4 gram baby Bella sopp
- ½ kopp hakket løk
- 1 ss olivenolje delt
- ¼ teskje salt
- 1 ss soyasaus
- 1 ss italiensk krydder
- 1 unse boks med kikerter drenert
- 1 kopp vanlige brødsmuler
- 1 ss næringsgjær

BRUKSANVISNING:

- Grovhakk soppen og skjær løken i terninger.
- I en middels panne, varm 1 ss olivenolje over middels høy varme.
- Tilsett sopp og løk og dryss over ¼ ts salt.
- Stek i 5 minutter, eller til soppen er myk.
- Tilsett soyasausen og det italienske krydderet og kok i et minutt til.
- Kombiner kikerter, linegg, brødsmuler, næringsgjær og sautert løk og sopp i en foodprosessor med standard bladfeste.
- Puls til det meste brytes ned. Noen små biter av kikert eller sopp bør fortsatt eksistere.
- Bruk rene hender til å rulle kjøttbolleblandingen til 12 omtrentlige pingpong-kuler.
- Stek i 30 minutter i 350 graders ovn.

2.Spaghetti med grønnsaker og kjøttboller

INGREDIENSER:

- 3 Løk
- ½ pund Sopp, i skiver
- 4 spiseskjeer Oliven olje
- 1 boks tomater
- 1 boks tomatpuré
- 1 Selleristilk hakket
- 3 Gulrøtter revet
- 6 spiseskjeer Smør
- 3 Egg pisket
- 1½ kopper Matzo måltid
- 2 kopper Kokte grønne erter
- 1 ts salt
- ¼ teskje pepper
- 1 pund Spaghetti, kokt
- Revet vegansk ost

BRUKSANVISNING:

- Stek løk og sopp i terninger i oljen i 10 minutter.
- Tilsett tomater, tomatpuré og oregano.
- Dekk til og kok på lav varme i 1 time. Riktig krydder.
- Stek hakket løk, selleri og gulrøtter i halvparten av smøret i 15 minutter. Kul.
- Tilsett eggene, 1 kopp matzomel, ertene, salt og pepper.
- Rull til små kuler og dypp i det resterende matzomåltidet.

☑

3. Tempeh og løk kjøttboller

INGREDIENSER:
KJØTTBALL
- ½ liten rødløk, hakket
- 8 gram tempeh, hakket
- 3 fedd hvitløk, finhakket
- 1 ss olje, delt
- 3 ss vanlig, usøtet vegansk yoghurt
- ½ kopp brødsmuler
- 1 ts fint havsalt

TANDOORI KRYDDERBLANDING:
- 1½ ts paprika
- ½ ts koriander
- ½ ts ingefær
- ¼ teskje spisskummen
- ¼ teskje kardemomme
- ¼ teskje gurkemeie
- ¼ teskje garam masala
- ¼ ts cayennepeper

BRUKSANVISNING:
- Forvarm ovnen til 375 grader F (190 C), og kle en stekeplate med bakepapir.
- I en liten bolle visp sammen de 8 ingrediensene som utgjør krydderblandingen. Sette til side.
- Forvarm en stor sautépanne over middels varme.
- Tilsett 1 ts olje, og stek løken og tempen i 5 til 7 minutter eller til tempen er gylden.
- Skyv tempeh og løk til den ene siden av pannen, og tilsett de resterende 2 ts olje på den andre siden av pannen.
- Tilsett hvitløken og krydderblandingen direkte i oljen.

- Rør, og bland deretter med tempeh og løk.
- Rør ofte, kok i 1 minutt og fjern fra varmen.
- Overfør tempeh-blandingen til en foodprosessor.
- Puls 5 eller 6 ganger eller til det meste er hakket og jevnt.
- Tilsett brødsmuler, salt og yoghurt, og bearbeid til det er godt blandet.
- Bruk en skje eller en liten kakeskje til å porsjonere ut kjøttboller.
- Rull mellom håndflatene og legg på en bakeplate.
- Stek i 25 til 28 minutter, snu på halvveis.

44. Linser og soppkjøttboller

INGREDIENSER:
- 1 kopp kokte linser
- 1 kopp sopp, finhakket
- 1/2 kopp brødsmuler
- 1/4 kopp revet parmesanost
- 1 liten løk, finhakket
- 2 fedd hvitløk, finhakket
- 1 ss hakket fersk persille
- 1 ts tørket oregano
- Salt og pepper etter smak
- 1 egg, pisket

BRUKSANVISNING:
- I en stor bolle, bland alle ingrediensene og bland godt.
- Form blandingen til små kjøttboller.
- Varm opp litt olje i en panne på middels varme.
- Stek kjøttbollene til de er brune og gjennomstekte, ca 10-12 minutter.
- Server med din favorittsaus eller pasta.

45. Søtpotet og svarte bønnekjøttboller

INGREDIENSER:

2 kopper søtpotetmos
1 kopp kokte svarte bønner, drenert og skylt
1/2 kopp brødsmuler
1/4 kopp hakket grønn løk
2 fedd hvitløk, finhakket
1 ts malt spisskummen
1/2 ts røkt paprika
Salt og pepper etter smak
1 egg, pisket

BRUKSANVISNING:

I en stor bolle, bland alle ingrediensene og bland godt.

Form blandingen til kjøttboller og legg dem på en bakeplate.

Stek i en forvarmet ovn ved 375°F (190°C) i 20-25 minutter eller til de er brune og sprø.

Server med en side av stekte grønnsaker eller i en sandwich.

46. Blomkål og kikert kjøttboller

INGREDIENSER:

2 kopper blomkålbuketter, dampet og finhakket
1 kopp kokte kikerter, most
1/2 kopp brødsmuler
1/4 kopp revet parmesanost
1 liten løk, finhakket
2 fedd hvitløk, finhakket
1 ss hakket fersk koriander
1 ts malt spisskummen
Salt og pepper etter smak
1 egg, pisket

BRUKSANVISNING:

I en stor bolle, bland alle ingrediensene og bland godt.

Form blandingen til kjøttboller og legg dem på en smurt bakeplate.

Stek i en forvarmet ovn ved 375°F (190°C) i 20-25 minutter eller til de er gyldenbrune.

Server med din favorittsaus eller som topping til salater.

47. Zucchini og Quinoa kjøttboller

INGREDIENSER:

2 kopper revet zucchini
1 kopp kokt quinoa
1/2 kopp brødsmuler
1/4 kopp revet parmesanost
1 liten løk, finhakket
2 fedd hvitløk, finhakket
1 ss hakket fersk basilikum
1 ts tørket oregano
Salt og pepper etter smak
1 egg, pisket

BRUKSANVISNING:

Legg revet zucchini i et rent kjøkkenhåndkle og klem ut overflødig fuktighet.

I en stor bolle kombinerer du zucchini, quinoa, brødsmuler, parmesanost, løk, hvitløk, basilikum, oregano, salt, pepper og egg. Bland godt.

Form blandingen til kjøttboller og legg dem på en bakeplate.

Stek i en forvarmet ovn ved 375°F (190°C) i 20-25 minutter eller til de er gyldenbrune.

Server med marinara saus eller nyt dem i en sub sandwich.

48. Spinat og feta kjøttboller

INGREDIENSER:

2 kopper hakket spinat, kokt og drenert
1 kopp smuldret fetaost
1/2 kopp brødsmuler
1/4 kopp hakket fersk dill
2 fedd hvitløk, finhakket
1 liten løk, finhakket
1/4 ts muskatnøtt
Salt og pepper etter smak
1 egg, pisket

BRUKSANVISNING:

I en stor bolle, bland alle ingrediensene og bland godt.

Form blandingen til kjøttboller og legg dem på en bakeplate.

Stek i en forvarmet ovn ved 375°F (190°C) i 20-25 minutter eller til de er gyldenbrune.

Server med tzatzikisaus og pitabrød.

49. Brokkoli og cheddar kjøttboller

INGREDIENSER:

2 kopper finhakkede brokkolibuketter, dampet og drenert
1 kopp revet cheddarost
1/2 kopp brødsmuler
1/4 kopp revet parmesanost
1 liten løk, finhakket
2 fedd hvitløk, finhakket
1 ss hakket fersk persille
Salt og pepper etter smak
1 egg, pisket

BRUKSANVISNING:

I en stor bolle, bland alle ingrediensene og bland godt.

Form blandingen til kjøttboller og legg dem på en bakeplate.

Stek i en forvarmet ovn ved 375°F (190°C) i 20-25 minutter eller til de er gyldenbrune.

Server med marinara saus eller som tilbehør.

50.Gulrot- og kikertkjøttboller

INGREDIENSER:
2 kopper revne gulrøtter
1 kopp kokte kikerter, most
1/2 kopp brødsmuler
1/4 kopp hakket fersk persille
2 fedd hvitløk, finhakket
1 liten løk, finhakket
1 ts malt spisskummen
1/2 ts malt koriander
Salt og pepper etter smak
1 egg, pisket

BRUKSANVISNING:

I en stor bolle, bland alle ingrediensene og bland godt.

Form blandingen til kjøttboller og legg dem på en smurt bakeplate.

Stek i en forvarmet ovn ved 375°F (190°C) i 20-25 minutter eller til de er brune og sprø.

Server med en yoghurtdippesaus eller over couscous.

51.Kjøttboller med sopp og valnøtt

INGREDIENSER:
2 kopper sopp, finhakket
1 kopp valnøtter, finhakket
1/2 kopp brødsmuler
1/4 kopp revet parmesanost
1 liten løk, finhakket
2 fedd hvitløk, finhakket
1 ss hakket fersk timian
Salt og pepper etter smak
1 egg, pisket

BRUKSANVISNING:

I en stor bolle, bland alle ingrediensene og bland godt.

Form blandingen til kjøttboller og legg dem på en bakeplate.

Stek i en forvarmet ovn ved 375°F (190°C) i 20-25 minutter eller til de er gyldenbrune.

Server med en kremet soppsaus eller over pasta.

52.Rødbeter og quinoa kjøttboller

INGREDIENSER:
2 kopper revet rødbeter
1 kopp kokt quinoa
1/2 kopp brødsmuler
1/4 kopp hakket fersk persille
2 fedd hvitløk, finhakket
1 liten løk, finhakket
1 ts malt spisskummen
Salt og pepper etter smak
1 egg, pisket

BRUKSANVISNING:

I en stor bolle, bland alle ingrediensene og bland godt.

Form blandingen til kjøttboller og legg dem på en bakeplate.

Stek i en forvarmet ovn ved 375°F (190°C) i 20-25 minutter eller til de er brune og sprø.

Server med en syrlig yoghurtsaus eller i en salat.

53.Quinoa og mais kjøttboller

INGREDIENSER:
2 kopper kokt quinoa
1 kopp maiskjerner
1/2 kopp brødsmuler
1/4 kopp revet parmesanost
1 liten løk, finhakket
2 fedd hvitløk, finhakket
1 ss hakket fersk koriander
1 ts malt spisskummen
Salt og pepper etter smak
1 egg, pisket
BRUKSANVISNING:

I en stor bolle, bland alle ingrediensene og bland godt.

Form blandingen til kjøttboller og legg dem på en smurt bakeplate.

Stek i en forvarmet ovn ved 375°F (190°C) i 20-25 minutter eller til de er gyldenbrune.

Server med salsa eller som fyll til taco.

54. Aubergine og kikertkjøttboller

INGREDIENSER:

2 kopper kokt aubergine, most
1 kopp kokte kikerter, most
1/2 kopp brødsmuler
1/4 kopp revet parmesanost
1 liten løk, finhakket
2 fedd hvitløk, finhakket
1 ss hakket fersk basilikum
1 ts tørket oregano
Salt og pepper etter smak
1 egg, pisket

BRUKSANVISNING:

I en stor bolle, bland alle ingrediensene og bland godt.

Form blandingen til kjøttboller og legg dem på en bakeplate.

Stek i en forvarmet ovn ved 375°F (190°C) i 20-25 minutter eller til de er brune og sprø.

Server med marinara saus og spaghetti.

55.Potet- og ertekjøttboller

INGREDIENSER:
2 kopper potetmos
1 kopp kokte erter
1/2 kopp brødsmuler
1/4 kopp revet parmesanost
1 liten løk, finhakket
2 fedd hvitløk, finhakket
1 ss hakket fersk mynte
Salt og pepper etter smak
1 egg, pisket

BRUKSANVISNING:
I en stor bolle, bland alle ingrediensene og bland godt.

Form blandingen til kjøttboller og legg dem på en smurt bakeplate.

Stek i en forvarmet ovn ved 375°F (190°C) i 20-25 minutter eller til de er gyldenbrune.

Server med mynteyoghurtsaus eller som tilbehør.

56.Mais og rød pepper kjøttboller

INGREDIENSER:

2 kopper maiskjerner
1 kopp stekt rød paprika, hakket
1/2 kopp brødsmuler
1/4 kopp hakket fersk koriander
2 fedd hvitløk, finhakket
1 liten løk, finhakket
1 ts malt spisskummen
1/2 ts røkt paprika
Salt og pepper etter smak
1 egg, pisket

BRUKSANVISNING:

I en stor bolle, bland alle ingrediensene og bland godt.

Form blandingen til kjøttboller og legg dem på en bakeplate.

Stek i en forvarmet ovn ved 375°F (190°C) i 20-25 minutter eller til de er gyldenbrune.

Server med en chipotle mayo dipping saus eller i en wrap.

57. Butternut Squash og salvie kjøttboller

INGREDIENSER:
2 kopper kokt butternut squash, most
1 kopp brødsmuler
1/4 kopp revet parmesanost
1 liten løk, finhakket
2 fedd hvitløk, finhakket
1 ss hakket fersk salvie
Salt og pepper etter smak
1 egg, pisket

BRUKSANVISNING:
I en stor bolle, bland alle ingrediensene og bland godt.

Form blandingen til kjøttboller og legg dem på en smurt bakeplate.

Stek i en forvarmet ovn ved 375°F (190°C) i 20-25 minutter eller til de er brune og sprø.

Server med en kremet Alfredosaus eller som tilbehør.

58.Grønnkål og hvite bønnekjøttboller

INGREDIENSER:
2 kopper hakket grønnkål, blanchert og drenert
1 kopp kokte hvite bønner, most
1/2 kopp brødsmuler
1/4 kopp hakket fersk persille
2 fedd hvitløk, finhakket
1 liten løk, finhakket
1 ts tørket oregano
Salt og pepper etter smak
1 egg, pisket

BRUKSANVISNING:
I en stor bolle, bland alle ingrediensene og bland godt.
Form blandingen til kjøttboller og legg dem på en bakeplate.
Stek i en forvarmet ovn ved 375°F (190°C) i 20-25 minutter eller til de er gyldenbrune.
Server med marinara saus eller i en wrap.

59.Quinoa og spinat kjøttboller

INGREDIENSER:
2 kopper kokt quinoa
1 kopp hakket spinat
1/2 kopp brødsmuler
1/4 kopp revet parmesanost
1 liten løk, finhakket
2 fedd hvitløk, finhakket
1 ss hakket fersk basilikum
Salt og pepper etter smak
1 egg, pisket

BRUKSANVISNING:

I en stor bolle, bland alle ingrediensene og bland godt.

Form blandingen til kjøttboller og legg dem på en smurt bakeplate.

Stek i en forvarmet ovn ved 375°F (190°C) i 20-25 minutter eller til de er gyldenbrune.

Server med marinara saus eller på en seng med spaghetti.

60.Blomkål og Quinoa kjøttboller

INGREDIENSER:
2 kopper finhakkede blomkålbuketter, dampet og drenert
1 kopp kokt quinoa
1/2 kopp brødsmuler
1/4 kopp revet parmesanost
1 liten løk, finhakket
2 fedd hvitløk, finhakket
1 ss hakket fersk persille
Salt og pepper etter smak
1 egg, pisket

BRUKSANVISNING:

I en stor bolle, bland alle ingrediensene og bland godt.

Form blandingen til kjøttboller og legg dem på en smurt bakeplate.

Stek i en forvarmet ovn ved 375°F (190°C) i 20-25 minutter eller til de er gyldenbrune.

Server med din favorittsaus eller som vegetarisk smørbrødfyll.

61.Kjøttboller med kikert og spinat

INGREDIENSER:
2 kopper kokte kikerter, most
1 kopp hakket spinat
1/2 kopp brødsmuler
1/4 kopp revet parmesanost
1 liten løk, finhakket
2 fedd hvitløk, finhakket
1 ss hakket fersk koriander
1 ts malt spisskummen
Salt og pepper etter smak
1 egg, pisket

BRUKSANVISNING:

I en stor bolle, bland alle ingrediensene og bland godt.

Form blandingen til kjøttboller og legg dem på en smurt bakeplate.

Stek i en forvarmet ovn ved 375°F (190°C) i 20-25 minutter eller til de er brune og sprø.

Server med en yoghurtbasert saus eller i en pitabomme.

62. Søtpotet- og kikertkjøttboller

INGREDIENSER:
2 kopper søtpotetmos
1 kopp kokte kikerter, most
1/2 kopp brødsmuler
1/4 kopp hakket fersk koriander
2 fedd hvitløk, finhakket
1 liten løk, finhakket
1 ts malt spisskummen
1/2 ts røkt paprika
Salt og pepper etter smak
1 egg, pisket

BRUKSANVISNING:

I en stor bolle, bland alle ingrediensene og bland godt.

Form blandingen til kjøttboller og legg dem på en bakeplate.

Stek i en forvarmet ovn ved 375°F (190°C) i 20-25 minutter eller til de er gyldenbrune.

Server med en krydret dipsaus eller i en wrap med friske grønnsaker.

63. Kjøttboller med sopp og linser

INGREDIENSER:
2 kopper finhakket sopp
1 kopp kokte linser
1/2 kopp brødsmuler
1/4 kopp revet parmesanost
1 liten løk, finhakket
2 fedd hvitløk, finhakket
1 ss hakket fersk timian
Salt og pepper etter smak
1 egg, pisket

BRUKSANVISNING:

I en stor bolle, bland alle ingrediensene og bland godt.

Form blandingen til kjøttboller og legg dem på en bakeplate.

Stek i en forvarmet ovn ved 375°F (190°C) i 20-25 minutter eller til den er brun og gjennomstekt.

Server med en kremet soppsaus eller som tilbehør.

64. Kjøttboller av gulrot og zucchini

INGREDIENSER:
1 kopp revet gulrøtter
1 kopp revet zucchini
1/2 kopp brødsmuler
1/4 kopp revet parmesanost
1 liten løk, finhakket
2 fedd hvitløk, finhakket
1 ss hakket fersk persille
Salt og pepper etter smak
1 egg, pisket

BRUKSANVISNING:

I en stor bolle, bland alle ingrediensene og bland godt.

Form blandingen til kjøttboller og legg dem på en bakeplate.

Stek i en forvarmet ovn ved 375°F (190°C) i 20-25 minutter eller til de er gyldenbrune.

Server med marinara saus eller i en grønnsaksrøre.

65. Quinoa og soppkjøttboller

INGREDIENSER:
2 kopper kokt quinoa
1 kopp finhakket sopp
1/2 kopp brødsmuler
1/4 kopp revet parmesanost
1 liten løk, finhakket
2 fedd hvitløk, finhakket
1 ss hakket fersk rosmarin
Salt og pepper etter smak
1 egg, pisket

BRUKSANVISNING:

I en stor bolle, bland alle ingrediensene og bland godt.

Form blandingen til kjøttboller og legg dem på en bakeplate.

Stek i en forvarmet ovn ved 375°F (190°C) i 20-25 minutter eller til de er brune og sprø.

Server med soppsaus eller som topping til quinoaskåler.

66. Svarte bønne- og maiskjøttboller

INGREDIENSER:

1 kopp kokte svarte bønner, most
1 kopp maiskjerner
1/2 kopp brødsmuler
1/4 kopp hakket fersk koriander
1 liten løk, finhakket
2 fedd hvitløk, finhakket
1 ts malt spisskummen
1/2 ts chilipulver
Salt og pepper etter smak
1 egg, pisket

BRUKSANVISNING:

I en stor bolle, bland alle ingrediensene og bland godt.

Form blandingen til kjøttboller og legg dem på en bakeplate.

Stek i en forvarmet ovn ved 375°F (190°C) i 20-25 minutter eller til de er gyldenbrune.

Server med en syrlig avokadosalsa eller i en meksikansk-inspirert kornbolle.

67. Brokkoli og cheddarost kjøttboller

INGREDIENSER:
2 kopper finhakkede brokkolibuketter, dampet og drenert
1 kopp revet cheddarost
1/2 kopp brødsmuler
1/4 kopp revet parmesanost
1 liten løk, finhakket
2 fedd hvitløk, finhakket
1 ss hakket fersk persille
Salt og pepper etter smak
1 egg, pisket

BRUKSANVISNING:

I en stor bolle, bland alle ingrediensene og bland godt.

Form blandingen til kjøttboller og legg dem på en bakeplate.

Stek i en forvarmet ovn ved 375°F (190°C) i 20-25 minutter eller til de er gyldenbrune.

Server med marinara saus eller som tilbehør.

68.Blomkål og ostekjøttboller

INGREDIENSER:
2 kopper finhakkede blomkålbuketter, dampet og drenert
1 kopp brødsmuler
1/2 kopp revet parmesanost
1 liten løk, finhakket
2 fedd hvitløk, finhakket
1 ss hakket fersk timian
Salt og pepper etter smak
1 egg, pisket

BRUKSANVISNING:
I en stor bolle, bland alle ingrediensene og bland godt.
Form blandingen til kjøttboller og legg dem på en bakeplate.
Stek i en forvarmet ovn ved 375°F (190°C) i 20-25 minutter eller til de er gyldenbrune.
Server med en kremet ostesaus eller som en vegetarisk forrett.

69. Kjøttboller med sopp og valnøtt med rosmarin

INGREDIENSER:

2 kopper finhakket sopp
1 kopp valnøtter, finhakket
1/2 kopp brødsmuler
1/4 kopp revet parmesanost
1 liten løk, finhakket
2 fedd hvitløk, finhakket
1 ss hakket fersk rosmarin
Salt og pepper etter smak
1 egg, pisket

BRUKSANVISNING:

I en stor bolle, bland alle ingrediensene og bland godt.

Form blandingen til kjøttboller og legg dem på en bakeplate.

Stek i en forvarmet ovn ved 375°F (190°C) i 20-25 minutter eller til de er gyldenbrune.

Server med en kremet soppsaus eller som tilbehør med ristede grønnsaker.

GRØNNSAKKSKAPER

0.Rødbeteburgere med ruccola

INGREDIENSER:

- 15 gram lyserøde nyrebønner kan
- 2 ½ ss ekstra virgin olivenolje
- 2 ½ gram Cremini-sopp
- 1 rødløk
- ½ kopp kokt brun ris
- ¾ kopp rødbeter
- 1/3 kopp hampfrø
- 1 ts malt svart pepper
- ½ ts havsalt
- ½ ts malte korianderfrø
- ½ ts Worcestershiresaus
- 1 vegansk eggerstatning
- 4 kopper økologisk baby ruccola
- 2 ts hvit balsamicoeddik

BRUKSANVISNING:

- Forvarm ovnen til 375°F. Mos kidneybønnene godt i en miksebolle, og sett til side.
- Varm 1 ss av oljen i en non-stick panne over middels.
- Tilsett soppen og tre fjerdedeler av løken og fres til den er myk, ca 8 minutter.
- Overfør grønnsaksblandingen til miksebollen med bønnene. Rør inn ris, rødbeter, hampfrø, pepper, salt, koriander og Worcestershiresaus til det er kombinert.
- Tilsett den veganske eggerstatningen og rør til den er godt blandet.
- Form blandingen til fire kuler, og legg på en ubleket bakepapirkledd stekeplate. Klapp med fingertuppene til fire patties.

- Dupp toppen av karbonadene lett med ½ ss olje med fingertuppene.
- Stek i 1 time. Vend forsiktig over hver burger og stek til den er sprø, fast og brun, ca. 20 minutter til.
- La stå i minst 5 minutter for å fullføre kokeprosessen.
- Kast ruccolaen med eddik og de resterende 1 ss olje, og legg den på toppen av hver burger.
- Dryss over den resterende løken, og server.

71. Pecan- linsebrød

INGREDIENSER:
- 1 1/2 kopper kokte brune linser
- 1/2 kopp malte pekannøtter
- 1/2 kopp gammeldags havre
- 1/4 kopp tørr ukrydret panko
- 1/4 kopp hveteglutenmel
- 1/2 kopp finhakket løk
- 1/4 kopp finhakket fersk persille
- 1 ts dijonsennep
- 1/2 ts salt
- 1/8 ts nykvernet pepper
- 2 ss olivenolje
- Salatblader, skivet tomat, skivet rødløk og valgfrie krydder

BRUKSANVISNING:
- I en foodprosessor kombinerer du linser, pekannøtter, havre, panko , mel, løk, persille, sennep, salt og pepper.
- Puls for å kombinere, og etterlater litt tekstur.
- Form linseblandingen til 4 til 6 burgere.
- I en stekepanne, varm oljen overoppheting.
- Tilsett burgerne og stek til de er gyldenbrune, ca 5 minutter på hver side.
- Server burgerne med salat, tomatskiver, løk og krydder etter eget valg.

72. Black Bean burgere

INGREDIENSER:

- 3 ss olivenolje
- 1/2 kopp finhakket løk
- 1 fedd hvitløk, finhakket
- 11/2 kopp svarte bønner
- 1 ss finhakket fersk persille
- 1/2 kopp tørr ukrydret panko
- 1/4 kopp hveteglutenmel
- 1 ts røkt paprika
- 1/2 ts tørket timian
- Salt og nykvernet sort pepper
- 4 salatblader
- 1 moden tomat, kuttet i 1/4-tommers skiver

BRUKSANVISNING:

- Varm opp 1 ss olje i en panne og varm opp. Tilsett løk og hvitløk og stek til det er mykt, ca 5 minutter.
- Overfør løkblandingen til en foodprosessor. Tilsett bønner, persille, panko , mel, paprika, timian og salt og pepper etter smak. Bearbeid til det er godt kombinert, og etterlater litt tekstur. Form blandingen til 4 like store bøffer og avkjøl i 20 minutter.
- Varm opp de resterende 2 ss olje i en panne. Tilsett burgerne og stek til de er brune på begge sider, snu en gang, ca 5 minutter per side.
- Server burgerne med salat og tomatskiver.

73. Havre- og grønnsaksbiff

INGREDIENSER:

- 2 ss pluss 1 ts olivenolje
- 1 løk, hakket
- 1 gulrot, revet
- 1 kopp usaltede blandede nøtter
- 1/4 kopp hveteglutenmel
- 1/2 kopp gammeldags havre, pluss mer om nødvendig
- 2 ss kremet peanøttsmør
- 2 ss finhakket fersk persille
- 1/2 ts salt
- 1/4 ts nykvernet sort pepper
- 4 salatblader
- 1 moden tomat, kuttet i 1/4-tommers skiver

BRUKSANVISNING:

- I en stekepanne, varm 1 ts av oljen overoppheting. Tilsett løken og stek til den er myk, ca 5 minutter. Rør inn gulroten og sett til side.
- Puls nøttene i en foodprosessor til de er hakket.
- Tilsett løk-gulrotblandingen sammen med mel, havre, peanøttsmør, persille, salt og pepper. Bearbeid til det er godt blandet.
- Form blandingen til 4 like store bøffer, ca 4 tommer i diameter.
- Varm de resterende 2 ss olje over varme i en panne, tilsett burgerne og stek til de er brune på begge sider, ca. 5 minutter per side.
- Server burgerne med salat og tomatskiver.

74. Hvite bønne- og valnøttkaker

INGREDIENSER:

- 1/4 kopp løk i terninger
- 1 hvitløksfedd, knust
- 1 kopp valnøttbiter
- 1 kopp hermetiske eller kokte hvite bønner
- 1 kopp hveteglutenmel
- 2 ss finhakket fersk persille
- 1 ss soyasaus
- 1 ts dijonsennep, pluss mer til servering
- 1/2 ts salt
- 1/2 ts malt salvie
- 1/2 ts søt paprika
- 1/4 ts gurkemeie
- 1/4 ts nykvernet sort pepper
- 2 ss olivenolje
- Salatblader og skivede tomater

BRUKSANVISNING:

- Kombiner løk, hvitløk og valnøtter i en foodprosessor og bearbeid til det er finmalt.
- Kok bønnene i en panne over varme under omrøring i 1 til 2 minutter for å fordampe eventuell fuktighet.
- Tilsett bønnene i foodprosessoren sammen med mel, persille, soyasaus, sennep, salt, salvie, paprika, gurkemeie og pepper.
- Bearbeid til det er godt blandet. Form blandingen til 4 like store bøffer.
- I en stekepanne, varm oljen overoppheting.
- Tilsett patties og stek til de er brune på begge sider, ca 5 minutter per side.
- Server med salat og skivede tomater.

75. Garbanzo bønneburgere

INGREDIENSER:
- 2 kopper mosede garbanzobønner
- 1 hver Stilk selleri, finhakket
- 1 hver gulrot, finhakket
- ¼ løk, finhakket
- ¼ kopp fullkornshvetemel
- Salt og pepper etter smak
- 2 ts Olje

BRUKSANVISNING:
- Bland ingrediensene (unntatt olje) i en bolle. Form 6 flate bøffer.
- Stek i en oljet panne på middels høy varme til burgerne er gyldenbrune på hver side.

76.Vegetabilsk bulgur linser

INGREDIENSER:
- 2 kopper kokte linser
- 1 kopp røkt Portobello-sopp,
- 1 kopp bulgurhvete
- 2 fedd stekt hvitløk,
- 1 ss Worcestershire
- 2 ss valnøttolje
- ¼ ts estragon, finhakket
- Salt og pepper etter smak

BRUKSANVISNING:
- Gjør klar en ved- eller kullgrill og la den brenne ned til glør.
- Mos linsene i en miksebolle til de er jevne.
- Tilsett alle ingrediensene og bland til det er godt blandet.
- Avkjøl i minst 2 timer. Form til burgere.
- Pensle burgerne med olivenolje og grill i 6 minutter på hver side eller til de er ferdige.
- Server varm med dine favorittkrydder.

77. Sjampinjong tofu patty

INGREDIENSER:
- ½ kopp havregryn
- 1¼ kopper grovhakkede mandler
- 1 ss olivenolje eller rapsolje
- ½ kopp hakket grønn løk
- 2 ts finhakket hvitløk
- 1½ kopper hakket Cremini
- ½ kopp kokt brun basmati
- ⅓ kopp vegansk cheddarost
- ⅔ kopp moset fast tofu
- 1 vegansk eggerstatning
- 3 ss hakket persille
- ½ kopp tørr panko
- 6 skiver Fersk mozzarella, om ønskelig

BRUKSANVISNING:
- Varm olje i en stekepanne og fres løk, hvitløk og sopp til de er myke.
- Tilsett havre og fortsett å koke i ytterligere 2 minutter, mens du rører konstant.
- Kombiner løkblandingen med ris, vegansk ost, tofu og vegansk eggerstatning.
- Persille, panko og mandler og rør for å kombinere. Smak til med salt og pepper.
- Form til 6 bøffer og stek eller stek til de er gylne og sprø på utsiden.
- Topp med en skive fersk mozzarella og fersk salsa.

78.Linser, erter og gulrotbrød

INGREDIENSER:
- ½ hakket løk
- ½ kopp kokte grønne linser
- ⅓ kopp Kokte erter
- 1 revet gulrot
- 1 ss hakket fersk persille
- 1 ts Tamari
- 2 kopper panko
- ¼ kopp mel
- 1 vegansk eggerstatning

BRUKSANVISNING:
- Fres løken til den er myk. Bland alle ingrediensene unntatt melet og la den avkjøles. Form blandingen til patter og brun i en panne.
- Grønne linser tar omtrent en time å koke fra tørre, men de fryser godt, så lag en stor haug av dem på en gang.

79. Raske grønnsaksboller

INGREDIENSER:
- 10 gram Grønnsaker, blandet, frosset
- 1 vegansk eggerstatning
- klype Salt og pepper
- ½ kopp sopp, fersk, hakket
- ½ kopp panko
- 1 løk, i skiver

BRUKSANVISNING:
- Forvarm ovnen til 350 grader.
- Damp grønnsakene til de er akkurat møre
- Sett til side det er kult.
- Finhakk dampede grønnsaker og bland med vegansk egg, salt, pepper, sopp og panko .
- Form blandingen til bøffer.
- Legg patties, toppet med løkskiver, på en lett oljet bakeplate.
- Stek, snu en gang, til de er brune og sprø på begge sider, ca 45 minutter.

80. Tex-Mex grønnsakspatty

INGREDIENSER:

- 15¼ unser Hermetisert hele kjernemais
- ½ kopp væske reservert
- ½ kopp maismel
- ½ kopp løk, finhakket
- ⅓ kopp rød paprika, finhakket
- ½ ts limeskall, revet
- ¼ kopp kokt hvit ris
- 3 ss fersk koriander, hakket
- 4 ts Jalapeno chilipepper
- ½ ts malt spisskummen
- 4 fettfrie meltortillas, 9- til 10-tommers
- 8 ss lett rømme
- 8 ss Kjøpt salsa

BRUKSANVISNING:

- Bland ½ kopp maiskjerner og 1 ss maismel i en prosessor til det dannes fuktige klumper. Tilsett ¾ kopp maiskjerner, og bearbeid i 10 sekunder
- Overfør maisblandingen til en tung nonstick-kasserolle. Tilsett ½ kopp maisvæske, løk, paprika og limeskall. Dekk til og kok over svært lav varme til den er tykk og fast, rør ofte, 12 minutter. Bland inn ris, koriander, jalapeño, salt og spisskummen. Slipp ¼ av blandingen på hver av de 4 foliestykkene, og trykk stykkene til ¾-tommers tykke bøffer.
- Forbered grillen. Spray begge sider av burgerne med nonstick-spray, og grill til de er sprø, ca 5 minutter per side. Grill tortillas til de er smidige, ca 30 sekunder per side

81.Veggiebønnekaker

INGREDIENSER:
- 2 gram Kokte blandede bønner
- 1 løk, finhakket
- 1 gulrot, finrevet
- 1 ts vegetabilsk ekstrakt
- 1 ts Tørkede blandede urter
- 1 unse hele måltid panko

BRUKSANVISNING:
- Bland alle ingrediensene i en kjøkkenmaskin eller blender til nesten jevn.
- Form til 4 tykke burgere og avkjøl godt.
- Pensle med olje og grill eller grill i ca 15 minutter, snu en eller to ganger.
- Server i sesambaps med velsmak, salat og store chunky frites!

82. Løk Havre Patties

INGREDIENSER:
- 4 kopper vann
- ½ kopp Saltredusert soyasaus
- ½ kopp næringsgjær
- 1 løk i terninger
- 1 ss oregano
- ½ ss hvitløkspulver
- 1 ss tørket basilikum
- 4½ kopper Gammeldags havregryn

BRUKSANVISNING:
- Kok opp alle ingrediensene unntatt havren.
- Skru ned varmen og rør inn 4½ kopper havregryn.
- Kok i ca 5 minutter til vannet er absorbert.
- Fyll en rektangulær non-stick stekepanne med blandingen
- Stek ved 350 F. i 25 minutter. Kutt deretter den gigantiske burgeren i 4" firkantede burgere og snu dem.
- Kok i ytterligere 20 minutter.
- Server som hovedrett, varm eller kald.

83. Villsopppatty

INGREDIENSER:

- 2 ts olivenolje
- 1 gul løk, finhakket
- 2 sjalottløk, skrelt og finhakket
- ⅛ teskje salt
- 1 kopp tørr shiitake-sopp
- 2 kopper Portobello sopp
- 1 pakke tofu
- ⅓ kopp ristet hvetekim
- ⅓ kopp panko
- 2 ss Lite soyasaus
- 2 ss Worcestershire saus
- 1 ts Flytende røyksmak
- ½ ts granulert hvitløk
- ¾ kopp hurtigkokende havre

BRUKSANVISNING:

- Fres løk, sjalottløk og salt i olivenolje i ca 5 minutter.
- Stilk myknet shiitake-sopp, og finhakk dem med fersk sopp i en foodprosessor. Legg til løk.
- Kok i 10 minutter, rør av og til for å unngå å sette seg fast.
- Bland sopp med most tofu, tilsett de resterende ingrediensene og bland godt.
- Våt hendene for å forhindre at de fester seg og danner seg til bøffer.
- Stek i 25 minutter, snu en gang etter 15 minutter.

84. Tofu Tahini grønnsaksbiff

INGREDIENSER:
- 1 pund fast tofu, drenert
- 1½ kopper rå havregryn
- ½ kopp revne gulrøtter
- 1 Hakket sautert løk
- 1 ss Tahini, mer eller mindre
- 2 ss Worcestershire saus
- 1 ss soyasaus

BRUKSANVISNING:
- Tilsett en blanding av utvalgte krydder og urter.
- Form til bøffer på bakepapir.
- Stek ved 350 grader i 20 minutter, snu dem og stek i 10 minutter til.

85. Grille med sorte bønne og peanøtt

INGREDIENSER:
- 1 kopp TVP granulat
- 1 kopp vann
- 1 ss soyasaus
- 15-unse boks med svarte bønner
- ½ kopp vitalt hveteglutenmel
- ¼ kopp grillsaus
- 1 ss flytende røyk
- ½ ts sort pepper
- 2 ss peanøttsmør

BRUKSANVISNING:
- Rekonstituer TVP ved å blande den med vannet og soyasausen i en mikrobølgeovnsikker bolle, dekk tett med plastfolie og stek den i mikrobølgeovn i 5 minutter.
- Tilsett bønnene, hvetegluten, grillsaus, flytende røyk, pepper og peanøttsmør til den rekonstituerte TVP når den er kjølig nok til å håndtere.
- Mos det sammen med hendene til det er jevnt og det meste av bønnene er moset opp.
- Form til 6 bøffer.
- Grill disse babyene på grillen, pensl med den ekstra grillsausen mens du går, ca. 5 minutter per side.

86. Bygghavre- og selleribrød

INGREDIENSER:

- 1 kopp hermetiske smørbønner
- ¾ kopp bulgur, kokt
- ¾ kopp bygg, kokt
- ½ kopp Rask havregryn, ukokt
- 1½ ss soyasaus
- 2 ss grillsaus
- 1 ts tørket basilikum
- ½ kopp løk, finhakket
- 1 fedd hvitløk, finhakket
- 1 stilk selleri, hakket
- 1 ts salt
- Pepper etter smak

BRUKSANVISNING:

- Mos bønner litt med en gaffel eller potetstapper. De skal være tykke, ikke purerte. Tilsett resten av ingrediensene og form 6 bøffer.
- Spray pannen med olje og brune kjøttkaker på begge sider.

87. Tempeh og løkbiff

INGREDIENSER:

- 8 gram tempeh, kuttet i 1/2-tommers terninger
- ¾ kopp hakket løk
- 2 fedd hvitløk, hakket
- ¾ kopp hakkede valnøtter
- 1/2 kopp gammeldags eller hurtigkokt havre
- 1 ss finhakket fersk persille
- 1/2 ts tørket oregano
- 1/2 ts tørket timian
- 1/2 ts salt
- 1/4 ts nykvernet sort pepper
- 3 ss olivenolje
- Dijon sennep
- Skiver rødløk, tomat, salat og avokado

BRUKSANVISNING:

- I en kjele med kokende vann, kok tempeen i 30 minutter. Hell av og sett til avkjøling.
- Kombiner løk og hvitløk i en foodprosessor og kjør til den er finhakket. Tilsett avkjølt tempeh, valnøtter, havre, persille, oregano, timian, salt og pepper. Bearbeid til det er godt blandet. Form blandingen til 4 like store bøffer.
- I en stekepanne, varm oljen overoppheting. Tilsett burgerne og stek til de er gjennomstekt og brunet på begge sider, ca. 7 minutter per side.
- Sett sammen burgere med en skvett sennep, og med salat, tomat, rødløk og avokado.

88. Blandede bønne- og havrekaker

INGREDIENSER:
- 1 ss olivenolje
- 1 løk, hakket
- 4 fedd hvitløk, finhakket
- 1 gulrot, strimlet
- 1 ts malt spisskummen
- 1 ts chilipulver
- Pepper etter smak
- 15 *gram* pinto bønner, skyllet, drenert og moset
- 15 *gram* svarte bønner, skyllet, drenert og moset
- 1 ss ketchup
- 2 ss dijonsennep
- 2 ss soyasaus
- 1 ½ kopp havre
- ½ kopp salsa
- 8 salatblader

BRUKSANVISNING:
- Tilsett olivenolje i en panne over varme.
- Stek løken i 2 minutter, rør ofte.
- Rør inn hvitløken. Kok deretter i 1 minutt.
- Tilsett gulrot, malt spisskummen og chilipulver.
- Kok under omrøring i 2 minutter.
- Ha gulrotblandingen over i en bolle.
- Rør inn moste bønner, ketchup, sennep, soyasaus og havre.
- Form til karbonader.
- Grill patties i 4 til 5 minutter på hver side.
- Server med salsa og salat.

89. Tempeh- og valnøttkaker

INGREDIENSER:

- 8 gram tempeh, kuttet i 1/2-tommers terninger
- ¾ kopp hakket løk
- 2 fedd hvitløk, hakket
- ¾ kopp hakkede valnøtter
- 1/2 kopp gammeldags eller hurtigkokt havre
- 1 ss finhakket fersk persille
- 1/2 ts tørket oregano
- 1/2 ts tørket timian
- 1/2 ts salt
- 1/4 ts nykvernet sort pepper
- 3 ss olivenolje
- Dijon sennep
- Skiver rødløk, tomat, salat og avokado

BRUKSANVISNING:

- I en kjele med kokende vann, kok tempeen i 30 minutter. Hell av og sett til avkjøling.
- Kombiner løk og hvitløk i en foodprosessor og kjør til den er finhakket. Tilsett avkjølt tempeh, valnøtter, havre, persille, oregano, timian, salt og pepper. Bearbeid til det er godt blandet. Form blandingen til 4 like store bøffer.
- I en stekepanne, varm oljen overoppheting. Tilsett burgerne og stek til de er gjennomstekt og brunet på begge sider, ca. 7 minutter per side.
- Sett sammen burgere med et pålegg av sennep og topp med salat, tomat, rødløk og avokado.

90. Macadamia-Cashew-kaker

INGREDIENSER:
- 1 kopp hakkede macadamianøtter
- 1 kopp hakkede cashewnøtter
- 1 gulrot, revet
- 1 løk, hakket
- 1 fedd hvitløk, finhakket
- 1 jalapeño eller annen grønn chili, frøet og hakket
- 1 kopp gammeldags havre
- 1 kopp tørt ukrydret mandelmel
- 2 ss hakket fersk koriander
- 1/2 ts malt koriander
- Salt og nykvernet sort pepper
- 2 ts fersk limejuice
- Canola eller druekjerneolje, til steking
- Salatblader og valgfritt krydder

BRUKSANVISNING:
- I en foodprosessor kombinerer du macadamianøtter, cashewnøtter, gulrot, løk, hvitløk, chili, havre, mandelmel, koriander, koriander og salt og pepper etter smak.
- Bearbeid til det er godt blandet. Tilsett limesaften og bearbeid til den er godt blandet. Smak til, juster krydder om nødvendig. Form blandingen til 4 like store bøffer.
- Varm opp et tynt lag olje i en panne. Tilsett patties og stek til de er gyldenbrune på begge sider, snu en gang i ca. 10 minutter totalt.
- Server med salat og valgfrie krydder.

91. Gylne kikertburgere

INGREDIENSER:

- 2 ss olivenolje
- 1 gul løk, hakket
- 1/2 gul paprika, hakket
- 1 1/2 kopper kokte kikerter
- ¾ teskje salt
- 1/4 ts nykvernet sort pepper
- 1/4 kopp hveteglutenmel
- Valgfrie krydder

BRUKSANVISNING:

- Varm opp 1 ss olje i en panne og varm opp. Tilsett løk og pepper og stek til det er mykt, ca 5 minutter. Sett til side for å avkjøle litt.
- Overfør den avkjølte løkblandingen til en foodprosessor. Tilsett kikertene, salt og sort pepper og bland. Tilsett melet og bearbeid for å kombinere.
- Form blandingen til 4 burgere, ca 4 tommer i diameter. Hvis blandingen er for løs, tilsett litt ekstra mel.
- Varm opp de resterende 2 ss olje i en panne. Tilsett burgerne og stek til de er faste og brune på begge sider, snu en gang, ca 5 minutter per side.
- Server burgerne med krydder du ønsker.

92. Karri kikertkaker

INGREDIENSER:
- 3 ss olivenolje
- 1 løk, hakket
- 11/2 ts varmt eller mildt karripulver
- 1/2 ts salt
- 1/8 ts malt kajennepeper
- 1 kopp kokte kikerter
- 1 ss hakket fersk persille
- 1/2 kopp hveteglutenmel
- 1/3 kopp tørt ukrydret mandelmel
- Salatblader
- 1 moden tomat, kuttet i 1/4-tommers skiver

BRUKSANVISNING:
- Varm opp 1 ss olje i en panne og varm opp. Tilsett løken, dekk til og stek til den er myk, 5 minutter. Rør inn 1 ts karripulver, salt og cayenne og ta av varmen. Sette til side.
- I en foodprosessor kombinerer du kikerter, persille, hveteglutenmel, mandelmel og kokt løk. Prosessen for å kombinere, etterlater litt tekstur.
- Form kikertblandingen til 4 like store bøffer og sett til side.
- Varm opp de resterende 2 ss olje i en panne. Tilsett patties, dekk til og stek til de er gyldenbrune på begge sider, snu en gang, ca 5 minutter per side.
- I en bolle kombinerer du den resterende 1/2 ts karripulver med majonesen, mens du rører det blander seg.
- Server burger med salat og tomatskiver.

93.Pinto bønnekaker med Mayo

INGREDIENSER:
- 11/2 kopper kokte pintobønner
- 1 sjalottløk, hakket
- 1 fedd hvitløk, finhakket
- 2 ss hakket fersk koriander
- 1 ts kreolsk krydder
- 1/4 kopp hveteglutenmel
- Salt og nykvernet sort pepper
- 1/2 kopp tørt ukrydret mandelmel
- 2 ts fersk limejuice
- 1 serrano chili, frøsådd og hakket
- 2 ss olivenolje
- Strimlet salat
- 1 tomat, kuttet i 1/4-tommers skiver

BRUKSANVISNING:
- Tørk bønnene med tørkepapir for å absorbere overflødig fuktighet. I en foodprosessor kombinerer du bønner, sjalottløk, hvitløk, koriander, kreolkrydder, mel og salt og pepper etter smak. Bearbeid til det er godt blandet.
- Form blandingen til 4 like store bøffer, tilsett mer mel om nødvendig. Vred karbonadene i mandelmelet. Avkjøl i 20 minutter.
- Kombiner majones, limejuice og serrano-chile i en bolle. Smak til med salt og pepper etter smak, bland godt og avkjøl til servering.
- I en stekepanne, varm oljen overoppheting. Tilsett patties og stek til de er brune og sprø på begge sider, ca 5 minutter per side.
- Server karbonadene med salat og tomat.

94.Linserisburger med

INGREDIENSER:

- ¾ kopp Linser
- 1 Søtpoteter
- 10 Friske spinatblader
- 1 kopp Fersk sopp, hakket
- ¾ kopp mandelmel
- 1 ts Estragon
- 1 ts Hvitløkspulver
- 1 ts Persilleflak
- ¾ kopp Langkornet ris

BRUKSANVISNING:

- Kok ris til kokt og litt klissete og linser til de er myke. Avkjøl litt.
- Finhakk en søtpotet som er skrellet og kok til den er myk. Avkjøl litt.
- Spinatblader skal skylles og finstrimles.
- Bland alle ingrediensene og krydder, tilsett salt og pepper etter smak.
- Avkjøl i kjøleskapet i 15-30 min.
- Form til karbonader og sauter i en panne eller kan gjøres på en grønnsaksgrill på en utendørs grill.
- Sørg for å smøre eller spray en panne med Pam, da disse burgerne har en tendens til å feste seg.

95. Shiitake og Havre Patty

INGREDIENSER:
- 8 gram havregryn
- 4 gram vegansk mozzarellaost
- 3 gram Shiitake-sopp i terninger
- 3 gram hvitløk i terninger
- 2 hvitløksfedd finhakket
- 2 gram rød pepper i terninger
- 2 unser Zucchini terninger

BRUKSANVISNING:
- Bland alle ingrediensene i en foodprosessor.
- Trykk på av/på-bryteren for å blande ingrediensene grovt.
- Ikke overmiks. Endelig blanding kan gjøres for hånd. Form til fire-unse patties.
- Tilsett en mengde olivenolje i en panne.
- Når pannen er varm, tilsett pattyen.
- Stek ett minutt på hver side.

96.havre , I en egg- og mozzarella -patty

INGREDIENSER:
- ½ kopp grønn løk, hakket
- ¼ kopp grønn pepper, hakket
- ¼ kopp persille, hakket
- ¼ ts hvit pepper
- 2 fedd hvitløk, i terninger
- ½ kopp vegansk mozzarellaost, revet
- ¾ kopp brun ris
- ⅓ kopp vann eller hvitvin
- ½ kopp gulrot, strimlet
- ⅔ kopp løk, hakket
- 3 stangselleri, hakket
- 1¼ ts kryddersalt
- ¾ teskje timian
- ½ kopp vegansk cheddarost, revet
- 2 kopper rask havre
- ¾ kopp bulgurhvete

BRUKSANVISNING:
- Kok ris og bulgurhvete.
- Stek grønnsaker i 3 minutter i en dekket panne, rør en eller to ganger.
- Hell godt av, og bland med ris og ost til osten smelter litt.
- Bland inn de resterende ingrediensene.
- Form til 4-unse patties.
- Stek i ca 10 minutter hver på en grill, med kokespray.
- Server som hovedrett.

97. Valnøtt- og grønnsaksbiff

INGREDIENSER:
- ½ rødløk
- 1 ribbe selleri
- 1 gulrot
- ½ rød paprika
- 1 kopp valnøtter, ristet, malt
- ½ kopp panko
- ½ kopp orzo pasta
- 2 veganske eggerstatninger
- Salt og pepper
- Avokadoskiver
- Rødløkskiver
- Catsup
- Sennep

BRUKSANVISNING:
- Fres løkselleri, gulrøtter og rød paprika i olje til den er myk
- Tilsett hvitløk, nøtter, smuler og ris. Form til bøffer.
- Stek i olje til den er gylden.
- Sett sammen på en bolle.

98. Marokkanske Yam Veggie-burgere

INGREDIENSER:
- 1,5 kopper revet yam
- 2 hvitløksfedd, skrelt
- $\frac{3}{4}$ kopp friske korianderblader
- 1 stykke fersk ingefær, skrelt
- 15-unse boks med kikerter, drenert og skylt
- 2 ss malt lin blandet med 3 ss vann
- $\frac{3}{4}$ kopp havregryn, malt til mel
- $\frac{1}{2}$ ss sesamolje
- 1 ss kokosnøttaminosyrer eller lavnatriumtamari
- $\frac{1}{2}$-$\frac{3}{4}$ ts finkornet havsalt eller rosa Himalayasalt, etter smak
- Nykvernet sort pepper, etter smak
- 1 $\frac{1}{2}$ ts chilipulver
- 1 ts spisskummen
- $\frac{1}{2}$ ts koriander
- $\frac{1}{4}$ teskje kanel
- $\frac{1}{4}$ teskje gurkemeie
- $\frac{1}{2}$ kopp koriander-lime tahinisaus

BRUKSANVISNING:
- Forvarm ovnen til 350F. Kle en stekeplate med et stykke bakepapir.
- Skrell yam. Bruk det vanlige risthullet og riv yam til du har 1 $\frac{1}{2}$ lett pakket kopper. Legg i en bolle.
- Fjern rivejernet fra foodprosessoren, og legg til det vanlige "s"-bladet. Finhakk hvitløk, koriander og ingefær til det er finhakket.
- Tilsett avrente kikerter og bearbeid igjen til de er finhakket, men la det være litt tekstur. Hell denne blandingen i en bolle.

- I en bolle, rør sammen lin- og vannblandingen.
- Mal havren til mel med en blender eller kjøkkenmaskin. Eller du kan bruke ¾ kopp + 1 ss ferdigmalt havremel. Rør dette inn i blandingen sammen med linblandingen.
- Rør nå inn olje, aminos/tamari, salt/pepper og krydder til de er godt blandet. Juster etter smak om ønskelig.
- Form 6-8 patties, pakk blandingen godt sammen. Legg på en bakeplate.
- Stek i 15 minutter, vend deretter forsiktig og stek i ytterligere 18-23 minutter til den er gylden og fast. Kult på Mr.

9. Burger med linser, pistasj og shiitake

INGREDIENSER:
FOR BURGERNE
- 3 sjalottløk, i terninger
- 2 ts olivenolje
- ½ kopp svarte linser, skyllet
- 6 tørkede shiitake-sopphatter
- ½ kopp pistasjnøtter
- ¼ kopp frisk persille, hakket
- ¼ kopp viktig hvetegluten
- 1 ss Ener-G, pisket med ⅛ kopp vann
- 2 ts tørket gnidd salvie
- ½ ts salt
- ¼ ts knust pepper

TIL FRITTEN
- 3 poteter, skrelt og tynt kuttet
- vegetabilsk olje, til steking
- salt

BRUKSANVISNING:
- Kok opp tre kopper vann. Mens du venter på at vannet skal varmes opp, kaster du sjalottløken i terninger i en egen sautépanne med oljen og surrer på lav varme.
- Når vannet begynner å koke, tilsett linsene og tørkede shiitake-hetter og legg lokket over kjelen slik at det kan slippe ut litt damp under kokingen. Kok i 18-20 minutter, og hell dem deretter i en finmasket sil for å renne av og avkjøle. Når den er avkjølt, fjern shiitaken fra linsene og skjær dem i terninger, og kast de seige stilkene.
- Ha pistasjenøtter i en foodprosessor og grovkvern dem. På dette tidspunktet skal sjalottløken din være godt karamellisert. Tilsett sjalottløk, linser, shiitake-hetter i

terninger, pistasjnøtter og persille i en bolle og bland til det er godt blandet. Tilsett det livsviktige hvetegluten og rør.
- Tilsett nå vann/Energ-G-blandingen og rør i ca. to minutter med en sterk gaffel for å la glutenet utvikle seg. Tilsett nå salvie og salt og pepper og rør til det er godt blandet. Du kan da enten sette blandingen i kjøleskapet i noen timer eller steke burgerne umiddelbart.
- For å steke burgerne, form dem til karbonader, klem blandingen litt sammen mens du former den. Stek i en sautépanne med litt olivenolje i 2-3 minutter på hver side, eller til den er litt brun.
- For å lage pommes frites, legg flere centimeter vegetabilsk olje i en gryte. Varm opp over høy varme.
- Stek i omganger.
- Stek til de er sprø, ca 4-5 minutter, og fjern fra oljen med en varmebestandig tang.
- Overfør til tørkepapir for å renne av og dryss umiddelbart med litt salt.

100. Veganske burgere med høyt proteininnhold

INGREDIENSER:
- 1 kopp strukturert vegetabilsk protein
- ½ kopp kokte røde kidneybønner
- 3 ss olje
- 1 ss lønnesirup
- 2 ss tomatpuré
- 1 ss soyasaus
- 1 ss næringsgjær
- ½ ts malt spisskummen
- ¼ ts hver: paprikamalt chilipulver, hvitløkspulver, løkpulver, oregano
- ⅛ teskje flytende røyk
- ¼ kopp vann eller rødbetejuice
- ½ kopp viktig hvetegluten

BRUKSANVISNING:
- Kok opp en kjele med vann. Når det koker, tilsett det strukturerte vegetabilske proteinet og la det småkoke i 10-12 minutter. Tøm TVP-en og skyll den et par ganger. Klem TVP med hendene for å fjerne overflødig fuktighet.
- Tilsett de kokte bønnene, olje, lønnesirup, tomatpuré, soyasaus, næringsgjær, krydder, flytende røyk og vann i bollen til en foodprosessor. Bearbeid i 10-20 sekunder, skrap ned sidene om nødvendig, og bearbeid på nytt til det danner en puré. Det trenger ikke være helt glatt.
- Tilsett den rehydrerte TVP og bearbeid i 7-10 sekunder, eller til TVP er veldig finhakket, skal blandingen se ut som Bolognese saus. Du vil ikke ha store biter av TVP ellers holder ikke burgerne godt sammen.
- Ha blandingen over i en miksebolle og tilsett det livsviktige hvetegluten. Bland med en tre først, og elt

deretter med hendene i 2-3 minutter for å utvikle gluten. Blandingen skal være myk og ha en liten elastisitet.
- Del blandingen i 3 og form bøffer. Pakk hver burger forsiktig inn i bakepapir og deretter i aluminiumsfolie.
- Legg de innpakkede burgerne i en trykkoker (du kan stable dem) og trykkkok i 1 time og 20 minutter. Du kan bruke en komfyrtopp trykkoker eller en instant Pot.
- Når de er tilberedt, pakk ut burgerne og la dem avkjøles i 10 minutter. Du kan nå pannesteke burgerne i litt olje til de er gyldenbrune på hver side.
- Burgere holder seg i opptil 4 dager i kjøleskapet. De vil stivne litt i kjøleskapet, men vil myke når de er varmet opp.

KONKLUSJON

Når vi kommer til slutten av denne deilige reisen, håper vi at "From Garden to Plate: The Vegetable Meatballs Cookbook" har inspirert deg til å omfavne smakene og teksturene til grønnsakskjøttboller på ditt eget kjøkken. Grønnsakskjøttboller tilbyr et nærende og kreativt alternativ til tradisjonelle kjøttboller, og vi oppfordrer deg til å fortsette å utforske og eksperimentere med denne allsidige retten.

Med oppskriftene og teknikkene som er delt i denne kokeboken, håper vi du har fått selvtillit og inspirasjon til å lage grønnsakskjøttboller som er både deilige og næringsrike. Enten du nyter dem som hovedrett, legger dem til pastaretter, eller legger dem inn i smørbrød eller wraps, kan hver bit gi deg tilfredsstillelsen av et sunt og smakfullt måltid.

Så, mens du begir deg ut på dine egne kjøttkakeeventyr med grønnsaker, la "Fra hage til tallerken" være din pålitelige følgesvenn, og gi deg deilige oppskrifter, nyttige tips og en følelse av kulinarisk utforskning. Omfavn kreativiteten, smakene og næringen som grønnsakskjøttboller tilbyr, og la hver rett du lager bli en feiring av den pulserende verden av plantebaserte ingredienser.

Måtte kjøkkenet ditt fylles med de fristende aromaene av å bake eller steke grønnsakskjøttboller, lyden av sydende godhet og gleden ved å gi næring til kroppen din med sunne og deilige plantebaserte måltider. God matlaging, og måtte grønnsakskjøttbollene bringe tilfredsstillelse og glede til bordet ditt!

www.ingramcontent.com/pod-product-compliance
Lightning Source LLC
LaVergne TN
LVHW021707060526
838200LV00050B/2547